ボタンの掛け違い

古舘良純

東洋館出版社

まえがき

本書を手に取ってくださり、ありがとうございます。古舘良純です。

私には、3歳の三男坊子がいます。何でも自分でやりたいと言って聞きません。

絶賛「イヤイヤ期」です。

そんな三男坊は今、「お着替え」に夢中です。朝は自分でパジャマを脱ぎ、洋服を着る。お風呂上がりには自分でパジャマを用意し、鼻息を荒くして「できない！できない！」と言いながら、でも、手を出そうものなら拒否される毎日です。

先日、難易度の高いお着替えにチャレンジしていました。「ボタン付きパジャマ」です。上の子からのお下がりを得意げに着ていました。でも、なかなか「ボタン」が穴を通りません。

数日後、「できた！」というので見てみると、確かにボタンが穴を通っていました。が、その色はチグハグでした。

そのパジャマは、「ボタンの穴」と「ボタンの色」が同じ配色に細工されており、一番上から赤、青、緑、黄色となっていました。

残念ながら、三男坊のパジャマのボタンは、青色のボタンが赤色の穴を通っていたのです。

いわゆる「ボタンの掛け違い」が起きていたのでした。

そのまま洗面所に連れて行き、「色が違うね」と鏡越しに笑いました。

一生懸命やっているはずなのに、なぜかボタンを掛け違えてしまう。

一つの掛け違いが、その後の掛け違いを生んでしまう。

そして、そのボタンの掛け違いは首元で起こるため自分では気づかず、何だか着心地が悪い。鏡を見るか、人に言われるまで気づけない。

もしかしたら、私たちの授業や学級経営、働き方においても同じ状況が起きているのではないかと感じてなりませんでした。

私たちは毎日の授業に夢中になっています。学級経営に奔走しています。時間を惜しんで子どもたちと向き合い、よりよい教育とは何かを考え続けています。

そこに、手を抜いているような先生はいません。

でも、ボタンを掛け違えている先生は、……いそうな気がします。

それはきっと、「先生が先生になった理由」を見失っているからではないかと考えています。

硬い言葉で言えば、「教育の目的」が定まっていないとも考えることができます。

少し大袈裟かもしれませんが……。

そんな私も、これまでにたくさんの「掛け違い」をしてきました。

もしかしたら、今もなお気づかずに首元で掛け違いが起きているかもしれません。

でも、常に「掛け違っているかもしれない」と意識できるようにはなりました。

1つ目のボタンが噛み合うことで、次のボタンも自ずと揃うようになりました。

その1つ目のボタンというのが目的意識です。いわゆる「何のため」です。

もしあなたが、「何だかうまくいかないな」と思うなら、課題となっているボタンではなく、目的のボタンから確認してみてください。

何をするにも「何のため？」と問うてみることです。

この癖がつくようになれば、多くの教育活動に芯が通りはじめます。

そうすれば、2つ目以降のボタンは自然に色が揃うようになるでしょう。

幸い、私には「何のため？」と問う機会がたくさんありました。

本書もその貴重な機会です。

ぜひ、読み進めながら、私たちが何に「着心地の悪さ」を感じているのかを明らかにしてみましょう。

私たちの「首元」で、何が起こっているのかを確かめてみましょう。

その掛け違いに気づき、掛け直すことができたら、きっと目の前の現場は今感じているよりはるかに明るくなると思います。

この仕事は、大変なことは多いけれどその分楽しいこともたくさんあります。

読み終えたとき、「色が違っただけだったね」と一緒に笑い合えたら幸いです。

みなさんと、教育現場をより着心地よく着こなしていけたらうれしいです。

明日、教室で子どもたちの前に立つあなたにとって、本書がボタンを掛け直すきっかけになることを願い、まえがきとさせていただきます。

「大丈夫、きっとうまくいく」と信じて。

古舘良純

目次

序章

「掛け違い」はなぜ起こるのか

指導案が合わない

初任校での初授業研は今でも鮮明に覚えています。

算数の授業でした。

キラキラした子どもたちの顔、次々に発言する勢い、作業に没頭する姿。どれをとっても最高のパフォーマンスを見せてくれたと思います。

中堅の先生からは、「古舘先生の授業っていつもああなの?」と驚かれ、ベテランの先生からは、「初任とは思えない」と言われ、指導主事の先生からは「いい授業でした」と評価していただきました。

私は「だから指導案なんて書かなくても大丈夫なんだよ」と思っていました。

何を隠そう、指導案検討会で何度も「指導」が入り、何度も「朱書き」された授業が、私の指導案だったからです。

私は、**「指導案を書けなくたって授業で示せばいいんだ」**と強がっていました。

でも、ある先生だけは私の授業に対してこう言いました。


「今回の授業は、『算数』の授業だったのでしょうか」


何だかドキッとしました。確かに算数の授業だったはずなのに。

不思議と自分の弱いところを突かれたというか、何だか突かれたくない部分に触れられたというか、ぎゅっと胸が苦しくなる気がしました。

それは、パフォーマンスと勢いで乗り切った授業だったからだと思います。


初任校の算数の授業は「少人数指導体制」が取られている学校でした。

そのため、2クラスの子どもたちを3グループに分けて指導していました。

研究主任が算数専科となり、2人の学担＋専科で3グループ体制を成立させている状態でした。

はっきりとは思い出せないのですが、研究主題は「少人数指導による学力向上」

だったような気がしています。

指摘してくれた先生は、「これはパフォーマンスでしょ? 学力向上とは言えない」と感じていたのだと思います。研究主題との「掛け違い」に気づかれたため、私は焦ったのです。

その研究は、「算数の得点を高めること」が目的になっていました。そのため、学級ごとにレディネスチェックと言われる事前テストを行い、点数順に子どもたちを並べ、習熟度別に3グループABCと分けました。

そして、学年を跨いでABCごとに集まって授業を展開しました。先生方は、そのグループ編成を見て誰がどこを担当するか決めました。

そんな算数授業に、私はどこかボタンを掛け合わせることができませんでした。


今考えると、習熟度別の授業は**教師が子どもたちに「教えやすくする」ための、大人の都合に合わせた算数授業**でした。

学力が同じ子どもたちを集めることにより、一つの発問が効果的になる。授業をスムーズに進められるという**「教えやすさ重視」の授業を目指していた**のです。

もちろん、子どもたちは点数が高まりました。

「わかる・できる」が増えました。

場合によっては、保護者から連絡が入り、「うちの子は、下のグループでじっくり見てもらえませんか？」なんてリクエストを受けたこともありました。

そして、面談の際に「算数ができるようになったと言って喜んでいました」と教えてくださいました。うれしいような、でも本当にそれでいいのかと思うような、複雑な気持ちで言葉を受け取ったことを覚えています。


だから私は指導案が嫌いでした。

「教え方」ばかり書いて何が楽しいのだろう。「やり方」ばかりを検討して何が面白いのだろうと思っていました。

「子どもは指導案を見ないじゃないか」「授業当日が勝負だろう」と強がりながら、朱書きを入れられることを素直に受け止められない自分がいたのです。

そもそも、授業で何を目指すのかという目的を自分の中ではっきりさせられていなかったのだと思います。

教えやすさ重視の授業が生み出すもの

指導案が「教えやすさを重視」しているから、指導法や授業の流し方にフォーカスされた「指導案検討会」が進むのだと思います。

そうなると、たくさんの引き出しをもっている先生が、その時間のイニシアチブを取ることになります。

初任者の先生や経験年数の少ない若手はベテランに太刀打ちできません。

したがって、指導案検討会という名の「ベテランが若手を丸め込む時間」が生み出されるのです。

もちろん、そうではない指導案検討会もたくさんありました。

特に、多くの人が書いたことのない体育授業の指導案検討会では、みんながフラットに学ぶ時間が生み出されていました。

算数とは違って、習熟度別のようにチーム編成が行われない球技、教え合いや補助を優先していく器械運動などは、かなり**学級の実態＝友達関係が重視**されます。

バスケットボールを習っている子どもたちをうまく散りばめてチーム編成しようとする考えは、算数で「わかる子」を固めてしまおうとする少人数指導とは真逆の授業づくりでした。

そう考えると、運動が苦手な子を集めたチーム編成はＮＧです。

チーム内での協力や、話し合い、お互いに補完し合うような仕組みを働かせるためには、得意・不得意が同チームにいた方が都合がよいのです。

そこに、**「子どもの学びやすさ」を重視しようとする、子どもたちの関係性を大切にした体育授業**がありました。

私は体育を専門としていましたから、初任者のときから、こうした**「子どもたちが関わってなんぼの授業づくり」**を大切にしていたのです。

だから私は、指導案が嫌いでしたが、体育の指導案を書くときは随分と自分の思いを表現することができました。

どうしたら子どもたちが生き生きと活動するかだけをイメージしていたからです。

そもそも、体育の授業はその結果が目に見えやすく「残酷な教科」だと思うことがあります。

ペーパーテストであれば伏せて返却できます。その点数を公表されることはありません。しかし、体育は別です。

「跳び箱」の失敗は公表されます。「50m走」では、誰が遅いか一目瞭然です。テスト返却時に「古舘くん、0点！」と言われているようなものです。

教師がそんな残酷さに鈍感であればあるほど、体育授業は体育嫌いを生み出していく教科になります。

私が体育の授業づくりで大切にしてきたことがあります。

それは、「クオリティオブライフ（QOL）」の向上です。

これは、私が大学時代に教わった考え方で、生涯スポーツの立場から考える生活の質の向上を意味していました。体育を通して人生の満足度を高めようとする体育授業のあり方です。

今で言うと、**「ウェルビーイング」に限りなく近い考え方**ではないかと感じています。

そう考えると、体育授業のNGは「体育嫌いを生み出してしまうこと」にあるのではないかと感じます。

100m走の記録測定の日に限って欠席する。水泳学習のたびに理由をつけて見学する。機械運動は見学するのに、昼休みにはサッカーで汗をたらしている。

そんな子どもたちを見るたびに、「申し訳ないな」と心が痛みます。

同時に、どこでボタンを掛け違えてきたのだろうと思ってしまいます。

こうした痛みに敏感であるからこそ、体育の授業づくりにはどうしたって力が入ってしまいました。

できなくてもやりたい。遅いけどみんなと走りたい。上手くできないけど友だちとならがんばれる。そんな、誰もが前向きに取り組めるような配慮を散りばめたいと思って、今もなお体育の授業観を磨いている最中です。

これを、教えやすさ重視の算数の習熟度別のような体育授業にしたらと思うとゾッとしますね。私たちの授業は、何を生み出しているのでしょうか。

飲み会での一言

そんな状態で若手時代を過ごしていましたから、職員室でも「掛け違い」が起きていました。

ある飲み会の場で、「算数専科は必要か」という話題になりました。

私は「必要ない」という立場で話していました。

でも、うまく伝わりませんでした。その年の算数専科は若手講師の方でした。

翌日、校長室に呼ばれました。管理職がソファーに座っていました。

そこで、「飲み会の場であっても言ってよいことと悪いことがある」と指導をいただきました。私の「算数専科は必要ない」という一言に対するものでした。

私の発言は、どこかでその意図が歪んで伝わっていたのです。「若手講師は必要ない」という意味に捉えられていたのでした。

算数専科が置かれるということは、少人数指導の体制が組まれることになる。少人数指導を行うということは、子どもたちを習熟度別に分ける必要がある。習熟度別に分けることによって、確かなメリットもあるが、デメリットの方が大きいのではないか。そんなことを考えていました。

たとえば、レディネスチェックによるグループ分けは、算数のできるできないがはっきりしてしまい、**子どもたちに「算数ができない」という負のイメージを植え付けてしまう**のではないか。

または、**子どもたち同士で優劣を競うような関係性が無意識に構築されたり、それによって算数嫌いを生み出したりしてしまう**のではないか。

さらに、担任以外の先生との関係性が弱い状態で、心理的安全性を保ちながら授業ができるのかどうかが未知数である……。

そんなこともあって、算数専科の必要性について考えていたのでしたが、そうした文脈は伝わらずに、ただ「必要ない」という言葉が一人歩きしている状態だったのです。

こうした、「何のために」という目的意識について話ができる先生はあまり近くにいませんでした（きっといたとは思いますが……）。

話ができたとしても、私自身が「教えやすさ」から「学びやすさ」へという価値についてうまく言語化して語ることができず、先生方と噛み合わなかったのだと思います。

みなさんの周りには、こうした目的を語り合える先生はいますか？　本音で話せる仲間はいますか？　話を聞いてくれる方はいますか？

私は、管理職に必死に説明しました。その意図を、その意味を、何が言いたかったのかを弁解しようとしました。

でも、残念ながらボタンを掛け直すことはできませんでした。

しかし翌年、算数専科による習熟度別の授業ができなくなりました。職員が減らされたからです。学級減による校内人事でした。ある意味私はホッとしました。

そして私は、4年目にして学級単位による算数の提案授業を行いました。うまくできたかはわからない授業でしたが、大切にしたい思いを詰め込んだ授業提案はできたと思います。

その授業では、情緒学級の子も一緒に授業を受けていました。自閉傾向の強い子で、コミュニケーションに少し難しさを抱える子でした。

でも、担任していた支援学級の担任の先生もゴーサインを出してくださいました。一緒に授業研で奮闘してくださいました。何よりも心強かったです。

もしかしたら、その子にとっても居心地がよかったのではないでしょうか。この学級でもやれると思ってくれていたのではないでしょうか。「算数ができること」がすべてではない教室だったのだと思います。

そのころは、**授業のユニバーサルデザインや合理的配慮という言葉は耳にしたことがありませんでしたが、きっとそういうことがしたかったた**のだと思います。

その支援学級の先生とは、ボタンを掛け合わせることができていたように感じます。

子どもたちにどんな力をつけたいのか。子どもたちに今必要なことは何かを何手先も読んでいたのだと思います。

慰労会での「古舘先生、ありがとうございます」という支援学級の先生からの一言が、今でも忘れられません。こちらこそ、感謝しかありませんでした。

いつでも子どもは知っている

そんな私も、2校目に異動しました。そこでもたくさん掛け違いました。

中でも、小6で担任したある女の子の存在が忘れられません。

まず、5月。運動会の取り組み中にトラブルがおきました。

赤組の応援団になったその子は、「自分たちで話し合う」という名目で応援団を集めておきながら、随分と自分勝手にふざけていたようでした。

決めることも決めず、輪を乱すようなことばかりし、私が話し合いに顔を出したときはもう他の子の表情が曇っていました。泣き出している子もいました。

周りの子に話を聞いてみると、リーダーが役割分担や応援内容を決めようとするのに、その子がいちいち文句を言ってくるというのです。

反論できない周りのメンバーは黙るばかりで議論にもならなかったのでした。

煽るようにまくしたてていた様子が見えてきました。

しかし、彼女に話を聞いてみると、一気にたくさんのアイディアを出してきました。「こうした方が面白いのではないか」「こうすればきっと応援賞を取れる」そんなイメージが彼女の中にはたくさんあったのです。

私は、子どもたちにプリントを配っていました。「応援団活動計画」です。

彼女は、そうした枠組み以上の力をもっていたのです。それが反発や輪を乱すといった形で表出し、不適切な形で友だちに受け取られていたのでした。

私はもう一度、冷静に考えてみました。


応援団を通して何を育てたいのか。運動会は子どもたちの何を育てる場なのか。


やはり私は、自分が管理しやすいように子どもたちを動かしていました。**「管理・統率」を主軸にした、スムーズな運動会運営計画**を練っていたのです。

そして、ワークシートや活動計画を出すことによって自分自身が安心し、同時に**子どもたちの主体性を奪っていた**のでした。

3分間の応援合戦の構成を考える。考えた応援を練習し、全校を巻き込んで仕上げる。運動会当日にお客さんに見てもらう。見てもらってジャッジが下される。

こんなヒリヒリする真剣勝負は他にないと思います。

それなのに私は、「効率よく3分間が流れること」だけを考えていたのでした。

彼女は、**「先生、私たちの力みくびらないでよ。自分たちで考えさせてよ」**と懸命に掛け違っていることを訴えかけてきていたのです。

いつだって、**大切なことは大抵子どもたちが知っています**。

危なく、子どもたちの当事者意識を損なうところでした。猛省しました。

それから彼女は、建設的に、でも赤組が勝つためにアイディアを出しました。

周りのみんなも、彼女のしたいことに合意し、息を吹き返したように一気に活動が動き出しました。

子どもたち自身がボタンを掛け合わせていく様子をまざまざと見せつけられたのでした。

結果、運動会では見事応援賞をとりました。

彼女たちは、泣きながら喜んでいました。

あの話し合いのとき泣いていた女の子は、トラブルを起こした彼女に対して「◯◯ちゃん、ありがとう！　◯◯ちゃんがいたから私がんばれた！」と泣いてハグしていました。今でもその笑顔が忘れられません。

子どもたちは子どもたちの中でしか育たない。

そんなことを思いながら子どもたちの様子を見ていました。私には何ができたのだろう。**せめて子どもたちの主体性を奪わないことに全力を注ぎたい**と思ってしまいました。

でも、それでいいとも思えます。

心理的安全性が保証された集団は育ちます。そこに教師の役割などほとんどありません。

「管理・統率」からいい意味で脱却できれば、子どもたちはたちまち主体性を取り戻します。

本来、「学び方」は子どもたちが知っているのです。

先生は、教えてくれないよね

そんな彼女が卒業を控えた2月、ドキッとする一言を放って下校していきました。

みんなが下校した後、友だちを待ちながら教室で雑談しているときでした。


「先生ってさ、算数、教えてくれなかったよね。……でも、算数の学び方は教えてくれたよね」


という一言でした。

間の取り方が絶妙で、「そんなことはないでしょう！」と口を挟みそうになったことを覚えています。

詳しいことは言わず、そのまま「さようなら～」と教室を後にしたのですが、ずっとその言葉が頭に響いていました。

私は何を「教えて」いたんだろう。算数を教えていなかったのか。学び方を教えていたのか。学び方って何だろう……と思考がめぐっていました。

その当時、私がどんな算数をしていたかは定かではありません。


しかし、**子どもたちにサービスを与えるようなことはしていませんでした。**


授業では、一方的な講義型の授業に違和感を覚えていました。

三十代半ばから、プリントを配付するようなことを減らし始めていました。

そして、多様な子どもたちがお互いを補い合うような授業を目指していました。

教育界では、「考え、議論する道徳」という言葉が賑わっていた頃でした。

子どもたちを関わらせ、子どもたちが対話し、話し合い、コミュニケーションをとって学習を進めていく時間に心地よさを感じていました。

しかし、子どもたちは慣れるまでは抵抗を示しました。

なぜなら、サービス慣れしていたからです。

黒板に書いたものを写していればよいと思っていたのでしょう。そして、「先生、黒板が見えません」と先生を動かすような言葉を平気で言ってしまうのです。

わからなければ「先生ちょっと来てください」と言って30人もいる教室で一人の担任を占領してしまうようなことをします。

全体のことなど考えず、「今私はこのサービスを提供してほしいんだ！」と言っているようなものです。

「先生、この漢字教えてください」「先生、トイレに行ってきます」「先生、水飲んでいいですか」「先生、○○さんが叩いてきます」

子どもたちは、辞書を引くことも、友だちに尋ねることもしません。今だったらタブレットで検索入力し、変換したら簡単にわかる時代です。

また、「足が痛いなら、先生保健室に行ってきますと言えばいいんだよ」と教えます。水だって好きなときに飲めばいいじゃありませんか。

でも、自分で決められないのです。サービスに慣れきっているからです。

友達関係を大人が調整し始めたらもう思考停止状態です。

都合の悪い状況を自分で打開する術を知らないのでしょう。
打開する術を知らないから、嫌なことがあれば休む。苦手なことがあれば休む。辛くなったら机に突っ伏す。フードをかぶって閉ざすようになるのです。

子どもたちにとって、「社会」は大人が繋いでくれるものになっています。

私たちは、**子どもたちに「教え続けて」よいのでしょうか。**何を「教える」べきなのでしょうか。

子どもたちの考える力は育まれているでしょうか。自分で考える時間が、1日の学校生活の中にどれだけあるでしょうか。

彼女は、「学び方を教えてくれた」と言いました。これは、**教育学ではなく、学習学の視点で子どもたちを育てなければならないこと**だと感じています。

教育とは「教え・育てる」と書きます。

私たちは、もう少し「育てる」意識を強くしなければならないと感じています。
思考停止状態をつくるサービス教育は、大きな「掛け違い」を生み出します。

もう、サービスにしか見えない

ここまでくると、もう学校や教室で行われるすべての教育活動がサービスではないかと思ってしまう自分がいます。

典型的なサービスは「宿題」です。

丁寧に丁寧に家で勉強ができるようにアシストしています。

今日はこのプリントをしてくればいいよ。今日は2ページね。社会科のテスト勉強をしておいで。音読は親に聞いてもらうんだよ。ハンコもついてもらってね。明日の朝、先生に提出してね。丸つけてあげるからね。コメントも書くよ。

こんなにサービスをして、どんな子どもたちに育てたいのでしょうか。

全員一律の宿題は、教師の管理のしやすさが表れています。

全員一律の課題は、教師の教えやすさが表れています。

プリント1枚が15分で終わる子にとっては容易く、30分以上かかる子にとっては負担でしかない。

そして、できる子ほど簡単に終わらせ、できない子ほど空欄で出す。見てあげる必要のない家庭ほど隅々まで目を通し、見てあげなければならない家庭ほど目をかけないまま終わる。

目的意識を失った宿題ほど、優しさとかけ離れたものはないと感じています。

そんな、学力の二極化を助長する方法が、宿題ではないでしょうか。

これは、「宿題」を否定しているわけではありません。そこにサービス精神を発揮し続ける教員側、学校サイドに課題意識がないことを嘆いているのです。

子どもたちが一生懸命やってきても、ハンコ一つで返却する。それなのに、忘れ物があると揚げ足を取るかのように宿題請求するのはもう目的不在です。

それを、「子どもたちのためだから」といって正当化し、形式的に作業化された宿題を出し続け、「出したか・出していないか」だけで判断する宿題提出は、もはや時間の無駄でしかないように感じます。

どうしても、子どもたちに対して手取り足取りしてあげたいのでしょう。それが優しさだと思っているのでしょう。「教えたい」のでしょう。

何より、その状況が当たり前になりすぎて、着心地が悪いことに気がつかないのです。ボタンを掛け違えたまま、それが流行りのファッションだと言わんばかりに直そうとも思えないのです。

だからと言って、鏡を見て掛け違いに気づくことすらしません。きっと、向き合うことを恐れているのかもしれません。

だって、その方が楽だからです。

自分たち学校が変えようと思ったら、とてつもない労力が必要になります。

これまでの自分たちがやってきたことを全否定することにもなりかねません。

学校という枠組みに適応する子どもをつくってしまった方が簡単なのです。

社会は広い。世界も視野に入れなければならない。そんな中で、まだ学校現場の中でのみ完結するサービスを提供していては、子どもたちが育ちません。

育たないどころか、**サービスによって主体性を失うように、当事者意識をなくす**

ように訓練しているるとさえ言えます。

もしあなたが、「なんだかうまくいかないなあ」と思うとき、その多くは確実にボタンを掛け違えていることにあります。

それは、決してあなたが悪いわけではなく、その考え方や目的意識の置き方に問題があるということです。

掛け違いは、日々の授業の中で何度も起きます。

教えやすさに走った授業は、子どもたちの主体性を奪います。

それによって思考停止した子どもたちには、詰め込み型の知識を伝達するような指導が最適です。よって、教師は教えることを重視して指導案を書くようになります。すると、授業が学力を高めることと履き違えられ、何を育てたいのかという本質を見失います。見失ったものを一緒に探せる同僚はごくわずかです。

一人で悩みながら、でも変わらない現場に乗っかるが吉。そういう教師の諦めは、簡単にサービス教育に振り戻すきっかけになります。

その「掛け違い」、に目を向けてみたいと思います。

第1ボタン
授業で起こる「掛け違い」

「どうしたらいいかわかりません」という悩み

ある先生の授業を見る機会がありました。2年目研の一環で授業を公開することになり、研究主任として参加することになっていました。

私は、以前にもその先生の授業を見る機会がありました。校内で取り組んでいる授業交流会という相互参観で見せていただきました。

正直な感想を言うと、2回とも「子どもたちに規律がないな」と思いました。机に寝そべっている子、椅子を斜めにしている子、友だちと話している子、無気力な子など、さまざまでした。

私は、その授業に対して「2年目だしな」と思う一方、「何かが掛け違っている」と思いました。

よいものをもっている先生で、勉強熱心で学ぶ意欲もある先生でした。よく質問してくれたり、アドバイスを求めにきたりすることもありました。何とか力になりたいと思っていました。

その先生は、授業の中できらりと光る指導言を放つこともあります。ただ、ボタンが穴を通っていないだけ。そんな感じを受けました。

ある日、その先生の学級の前を通ると、教室の入り口にホワイトボードがかけてありました。

ホワイトボードには、「昨日、先生の話を聞けなかった人がいたから、今日はみんな先生の話を聞こう」と子どもの文字で書いてありました。

その経緯を聞いてみると、**先生は「がんばることをやめてみた」というのです。**どうしてよいかわからなくなって、一回自分自身も子どもの写し鏡のように振る舞ってみたというのでした。

子どもたちはその姿を見てハッとしたのでしょう。

授業に対する身の振り方を子どもたちなりに考えたのだと思います。

その改心しようとする心が、ホワイトボードに書かれていたのでした。

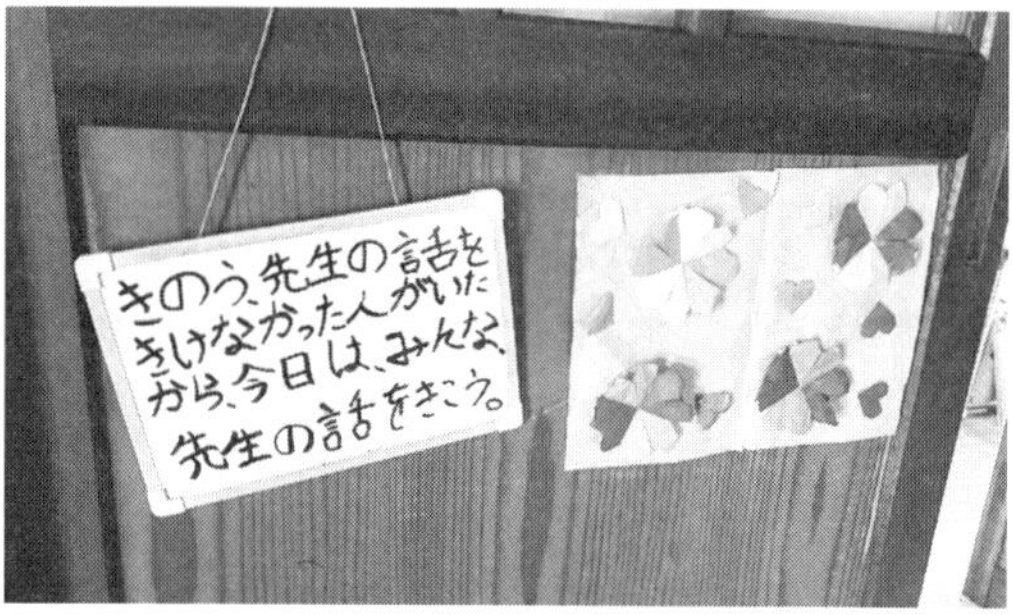

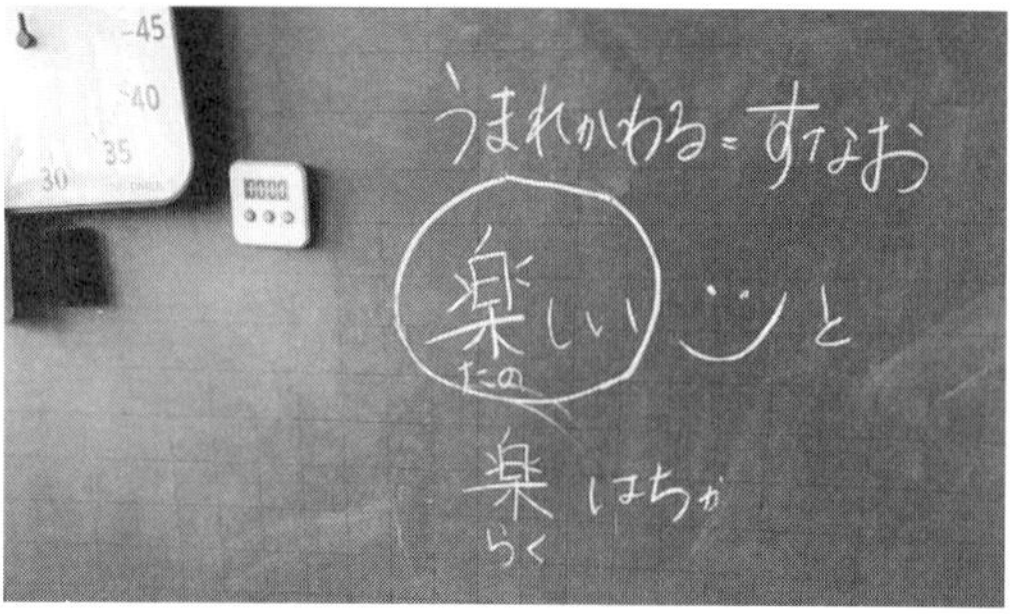

このエピソードから、色々と考えました。

まず、**先生が「がんばりすぎている」ということです。いわばサービス精神が旺盛すぎる**ということです。

子どもたちが消費者マインド、受け身になりすぎてしまい、サービスに飽きている状況に陥っていたのだと思います。

見せていただいた授業では、授業の流し方も構成もそう悪くないと感じていました。ほめ言葉や称賛、共感的な態度や笑顔も見えました。しかし、どこか噛み合っていない感じも受けました。「多すぎる」という印象でした。

それが、逆に子どもの主体性を削ぐ訓練になっていたのです。

だから、先生がサービス提供をストップした途端に、消費者（子ども）が慌てる構図が生まれたのです。

もちろん、この対応が他の教室で通用するかどうかはわかりません。

この方法がベストだとも言えません。

しかし、**この先生が悩みながら日々生活する一方で、子どもたちの中にもどこか「掛け違いの感覚」が芽生えていたのだと思います。**

だから、先生のアクションによって一度ずれていたボタンが外され、逆に子どもたちから掛け合わせにくるようなリアクションが生まれたのだと思います。

その後、どんな話をしたのか聞いてみると、その先生は「楽しいことと楽をすることは違うんだよ」というような話を子どもたちにしていることがわかりました。

このとききっと、1番目のボタン（目的）から丁寧に掛け直そうとする空気が教室いっぱいに広がっていたに違いありません。

思っていたよりも小さな声

岡山からいらした先生が私の学級を参観された際、朝一番で感じたことがあったそうです。**それは、「古舘先生の声が小さい」ということでした。**

朝の会で子どもたちに話をしていたとき、後ろで聞いていたその先生は、「え？何言ってるの？　声小さいな」と思ったそうです。

でも、参観者の先生はそんな教室の様子を**「子どもたちに緊張感がある」と表現**してくださいました。

自分の声を自分ではっきりと聞くことはできませんし、この声がどの程度子どもたちに届いているかを検証することは不可能なため、とてもよい気づきをいただけたと感じました。

よく、「教師はハキハキと喋らなければならない」「滑舌よく、遠くまで届くように話さなければならない」「明るいトーンで爽やかに伝えなければならない…」などと言われます。

間違ったことではありませんし、その方が子どもたちにとってもよいはずです。でも私は、「小さな声」で話しているというのです。何か掛け違いが起きている気がしました。どこにズレが生じているのだろう……。

子どもたちの聞く意欲を低下させているのではないか。

そう考えました。

子どもたちに聞こえやすいようにすることで、子どもたちにとって「聞こえてくる状況」が生まれます。横を向いていても音が聞こえてくる。違う作業をしていても声が聞こえてくる。**聞かせよう聞かせようとすればするほど、聞かなくなります。**

「聞かせようサービス」という掛け違いが起きているのだと考えました。

学校を見渡してみましょう。声が大きいのに子どもたちが聞いていない。そんな教室はありませんか。

子どもたちは本来「聞く力」をもっています。

「聞かせなく」させているのは教師かも知れません。

もちろん、聞けない子も一定数います。その子には配慮します。

でもサービスはしません。

だから私は、私から見て一番右奥の子、左奥の子とコミュニケーションをとってから話すようにしています。

たとえば、「〇〇さん、聞こえたら手を挙げて」と右奥の子に小さめの声で話しかけます。近くで聞いている子には聞こえます。だから、〇〇さんが手を挙げるかどうかを確かめるために後ろを振り返って見ています。

〇〇さんが手を挙げたら、「あ、よかった。この声の大きさで聞こえているんだね。ありがとう、手を下ろしていいよ。△△さんはどうかな?」と左奥の子にも確認をとります。

そして、「ということは、この声の大きさで全体には十分聞こえるということですね。聞こえないということは、周りがざわついているか、またはあなた自身が聞こうとしていないのかもしれませんね」と言って、小さな声で話し始めます。

子どもたちは「緊張感をもって」話を聞くようになります。そこに主体性が芽生えているような気もします。

そうやって、「話す・聞く」というボタンの色をキチッと合わせていくようにしています。

こうやって掛け合わせていくと、「先生、聞こえません！」「もう少し大きい声で言ってください！」「何言ってるかわかりません！」のような、サービスに慣れきった発言はなくなります。

あったとしても、紹介したようなやりとりを丁寧にしていくことで改善できます。ある意味、「聞こえていなかったのは自分の責任かもしれない」という自分を俯瞰した見方が子どもたちに備わっていくのです。

教師の日常的な「声」に関しても、過度なサービスに気づき、減らしていくことで、子どもたちの意欲を徐々に取り戻すことができるかも知れません。

大切なところだけ書けばいいよという優しさ

一人一台端末が導入される前のことです。

どうしてもノートに書かない子がいました。

私はどうしてよいかわからず、「〇〇さん、どうした？　調子悪いか？」などと声をかけながら、書くことを「催促」していました。

その子は一時的に鉛筆を持ち、書こうとする姿勢は見せるものの、私が通り過ぎるとまた鉛筆を置くのでした。

そんな状況を周りの先生方に相談すると、「LD傾向のあるお子さんだから仕方がない」とか、「あの子は前からノート書かなかったよ」とか、「通常学級では厳しいんじゃないか」と教えてくださいました。

そこで、「何をしたらよいか」を尋ねると、「大切なところだけ書かせたらいいいん

じゃないか」という答えが返ってきました。

何か掛け違えている気がしたのですが、なす術がなかった私は、教えていただいた内容を教室でやってみることにしました。

まず、板書の工夫をしながら、「大切なところ」がわかるようにしてみました。色を変えたり、線で囲んでみたりしました。

私なりに、「ここだけ」というところを意識して書き残しました。

そして、その子に「あの部分だけ書いたらいいよ」と伝えました。

その子は、チラッと黒板を見た後、たった数行、いや数語だけ書いてノートを閉じました。

次の日、また同じようにアプローチすると、その子はまた数語だけ書いてノートを閉じました。

私は「本当にこれでいいのか」と首元で掛け違えているボタンに違和感を覚えながら、でも打ち手が見つかりませんでした。

そして迎えたテストの日、その子は開始早々突っ伏して、白紙でテストを出しました。私は何も言えないまま、その子からテストを受け取りました。

でも、そうなるのは当たり前です。

「ここだけ書けばいいよ」という指示は、書くことを前提とした譲歩です。

「100書かなくていいから、20は書いてね」という指示です。

しかし、**80がわかっていないのに20だけ書いて、その子は何を学び、何ができるようになるのでしょう。**

文脈のないただの「記録」が、その子にとって何をもたらすというのでしょうか。20書いて……結局教師の言いなりになっただけです。

その子にとってみれば、「先生が言った通りに書いたのに、テストができるようにならないじゃないか」と、文句を言いたくなるはずです。

教師にとっても、ノートを書くことがゴールになっていて、「その子ができるようになる」なんて信じてもいない指導になっているのです。

その子のもっている可能性を狭め、期待せず、ハードルを下げているだけではないかと感じてしまいました。

「ここだけ書けばいいよ」というサービスで、その子は本当に育っていけるのでしょうか。

白紙のテストを出した翌日の授業のことです。

私はその子に近づいて言いました。

「もういい。書きたくないなら書かなくていい。『ここだけ』書いてどうするの？わかってないのに、理解もしていないのに、『ここだけ』書いてもしょうがないでしょう？　だからいい。書きたくないなら書かなくていい。でも、書いてもいい。書こうかな。書かなきゃなと思ったら書きなさい。それまで先生は待つし、書くなら応援する」

その時間、その子はきっちりとノートを書いて、提出しました。相変わらず無気力な感じで机に寝そべっていましたが、どこか満足そうな背中でした。

私は、大きな花丸を書いて、ノートを返しました。「どうせ無理」。きっと、二次的な何かがその子を取り巻いていたのではないかと思います。

それを一回リセットし、信じ、決定権を子どもに渡す。自己決定を促す構図にもち込む。それが、この子の「書く原動力」になったのだと考えています。

支援を要する子に対する支援が「サービス」に置き換わっていないか。本当の優しさか。今一度確認してみたいものです。

指名計画という名の格差助長システム

教師になった頃、「はいはい！」と手を挙げる教室を夢見て授業していました。

そして、「う〜ん…」と悩みながら「○○さん！」と指名している自分に酔っていました。本当に自己満足な授業をしていたと反省しています。

当時の私には、手が挙がっていない子がまったく見えていませんでした。

この「指名」という技術を、若い頃に習ったことがありました。

机間指導の時間に、「誰が何を書いているのか」を記録し、誰にどの順で言わせたら授業が効果的に進むのかを計画する、というものでした。

そして、挙手させたらその子を見つけて計画通り指名する。

または、挙手する前に「意図的指名」で先手を打ってしまう。

私が若い頃に習ったのは、そうやって教師の計画通りに進むよう、子どもから考えを出させ、つなぐ「指名」でした。

その頃は、順序よく発言がつながり、本時の課題が明らかになっていく流れを授業構成と捉えていました。

子どもたちの言葉がまとめに使われ、45分がスムーズに流れていく授業に達成感すら感じていました。

でも今は、そんな授業を**「大人の自己実現のために子どもを付き合わせた授業」**と捉えるようになりました。

なぜなら、できる子がよりできるようになり、できない子は黙って座っている授業だからです。子どもたちの参加者意識が減衰していく。子どもたちの人任せな態度が日々深刻になっていく。そう感じるようになったからです。

授業が、「わかる子」「できる子」で進むようになると、それ以外の子どもたちは「私たちは別に何もしなくてもいい。きっと◯◯さんたちが喋って終わる。何とかやり過ごせる」と察します。他人事になります。

そして、よく発言する子を影響力のある子としてリーダーに仕立てあげたり、人前に立たせて教師のスピーカーのように使います。

そうやって教師のお眼鏡にかなう子を選別していくシステムが、「指名計画」なのだと感じています。

確かに、リーダー性や人前での強さを高めることは大切です。

そうであるならば、手が挙がっていない子にこそ指名し、黙って座っている子にこそスポットを当てるべきではないでしょうか。

極端な話、意図的な計画指名で進む授業は、優先順位を間違えていると感じることがあります。授業が進むこと、教科書が終わること、テストを消化すること。

そんな表向きの理由で進むために授業が消費されているのです。

もし表面的な数字を伸ばすための学力であれば、話し合いや比較検討などせずに、オンラインで個別学習を進めればよい話であって、プリントを何枚もこなせばよい話です。

学校に来て、授業を受ける。その意味は関わること。社会性を養うことにあります。国語という土俵で、算数というフィールドで、社会というステージで、子どもたちは関わり、自分という個性を磨いていくのです。

私は、学力検査や学力状況調査において、「山」がなだらかで広かったり、「ふたこぶ」になっている学級を多く受けもちました。いわゆる二極化が顕著な学級です。

そんな学級を、先生方は、「できる子とできない子の差が激しい」と表現します。

でも、本気でそこに向き合ってはいません。

差が激しいと言いながら、挙手、指名、計画指名ばかりしているからです。

計画とまではいかなくても、手を挙げた子をパッとみたときに、瞬時に頭の中で子どもを選んでいます。予定調和的で大人の都合です。

それでは、いつまで経ってもボタンは掛け違ったままです。

私は、複数の子の手が挙がったとき、「自分たちで順番決めて」とか「どっちが言うか2人でアイコンタクトで決めなさい」と言います。誰がどの順番で発言しても「必ず拾う」と決めているからです。

また、「この列、立ってごらん」と言って問答無用で答えさせることもあります。

意外に子どもたちは答えられます。

子どもたちはいつだって、ボタンの準備はできているのです。

「できる子とできない子」という二極化

指名し、発言させ、意見をつなぎ、解にたどり着く。

これは、授業における典型的な一斉指導の形式だと考えられます。

しかし、学級にはいろいろな子がいるため、解にたどり着くためにはいくつかの意見が必要で、それなりに意見を言える子も必要です。

ということは、毎回限られたメンバーが発言するのは目に見えていて、同じメンバーが同じような議論をして授業を進めていくことも容易に考えられます。

なお、周りの子は「お客さん」となり、授業のたびに当事者意識が薄れる。

それでいて、「うちの学級は発言する子が決まっている」とか、「どうしたらみんなが発言するようになりますか」という質問が平気で飛んできます。

矛盾しています。**自分でやってきた授業が子どもたちをそう育てていることに気**

づいていないのでしょうか。

そもそも、学級はこうした二極化が前提となって編成されています。

私がこれまで経験してきた学校では、学級編成の際に少なからずペーパーテストの数字が引用されます。

また、スポーツやピアノ、ＰＴＡ役員さんなどのバランスなど、さまざまな配慮のもとで学級編成が行われてきました。

このとき、学級の学力がある程度平均的に、バランスがよくなるようにしているはずです。どの学校でもそうだと思います。

これは、第1章で話した算数の少人数指導と同じ構造で考えることができます。

もし、教師の教えやすさを重視するならば、ある程度学力が揃ったような学級編成をすればよいのです。そうすれば、教師は教えやすく、点数も高まるでしょう。

しかし、そう編成はしません。

私たちは、自分たちで、「二極化」という条件をつくり出し、学級編成を行なっているのです。

やはり矛盾しています。

自分たちで二極化が生まれる学級編成をしておきながら、「うちの学級は学力の差が激しく」と言っているのです。

たとえば、指導案を読んでいてもそんな当たり前のことをが書いてあります。なぜわざわざ書くのだろうと思ってしまいます。

結局、教師は教師の教えやすさだけを求めて授業づくりに励んでいるのでしょう。

もっと、「あの子を育てるための本時」であるとか、「この子を生かすための1時間」など、前提をひっくり返すような感覚にはならないものでしょうか。

たとえば、活発な話し合いの中で、なるべく高次元で合意形成させたいとか、授業後に「先生、もっとやりたいです！」と子どもたちが訴えてくるような白熱した時間を生み出せたらいいなと考えたとします。

すると、「できる子とできない子」という分け方自体しっくりきません。

授業が答えのない問いに対して解決的に行われるのであれば、**全員が参加できる可能性をもっている**はずだからです。

知識や技能だけで授業を考えるから、「できる・できない」という分け方になるのであって、そもそも授業観が掛け違っているから「二極化」という言葉が出てくるのでしょう。

子どもたちは、そうした授業の意図や教師の思惑などを簡単に見抜きます。形式的な話し合いなど、チグハグな授業展開は簡単に見抜きます。

そんな「掛け違い」を起こさないため、子どもたちには次のように伝えています。

「『できる・できない』は結果です。先生や友だちは、あなたを『できる』ようにしたい。ただ、『できるようになりたい』とあなた方が思わない限り、絶対に『できない』でしょう。できるようになりたいと思ったら、あとは簡単です。『誰とくっついたら早いか』を考えるだけです。できないもの同士でできるようにはなりません。その辺りを考えて動きなさい」

こうやって、目的を明らかにしながらも、手段の自由度を高めてあげることで、子どもたちの自発的な学習態度が形成されていきます。

学ぶことを体験し、学び方を掴んでいく。そんな時間になるはずです。

子どもは子どもの中でのみ成長します。

二極化をポジティブに捉え、掛け合わせていく心構えが必要になるでしょう。

心理的安全性によって蘇るモノ

ある年の4月、管理職の先生から「2ヶ月間授業をしなくてよい」と言われたことがありました。

続けて、「教科書は後でなんとでもなるから、2ヶ月はとにかく関係をつくりなさい」と言われました。

私は内心「そんなわけない」と思いましたが、管理職の先生が何を言いたいかはわかりました。

まず「**学級の空気をつくりなさい**」ということだったのだと思います。「**子どもたち一人ひとりにとって安心できる存在になりなさい**」ということだったのだと思います。

その年、苦肉の策で私が担任することになった学級でしたから、私のことをフォローしてくださる意味でそういったのだと受け止めました。

子どもが成長するとき、そこに安心感があり、安全であるという条件が揃っていると感じます。

たとえば、チャレンジをカバーしてくれる風土が教室にある。トライに対するエラーを受け止めてくれる土台が教室にある、とでも言えばよいでしょうか。

そうした、**心理的安全性の保たれた授業であればあるほど、子どもたちの主体性が蘇ってくる**ように感じます。

そのための、授業における「学習規律」は大切です。

学びに向かう「心構え」が変わるからです。

しかし、「学習規律」という言葉を、「椅子の座り方」「姿勢のよさ」「ノートに書くこと」「文字の丁寧さ」「挙手するかどうか」「言葉づかい」「練習問題への取り組み方」など、いわゆる「見た目の現象」とだけ定義してしまうと、逆に**安心感を奪っていく原因になる**気がしています。

もしかしたら、多くの教室で「学習規律」という言葉の意味を掛け違えているケースがたくさんあるのではないでしょうか。

それは、これまで担任してきた学級の状態を目のあたりにしているからです。ちなみに、平成28年度から7年連続で6年生を担任していました。多くは5年生で学級が崩れてしまっていました。そんな5年生を、学級解体なく固定メンバーのまま預けられる7年間でした。

座れない子を座らせようとする。姿勢の悪い子に注意をし続ける。ノートを書かない限り休み時間にならない。文字が雑だと書き直しをさせる。挙手を求め、言葉づかいを正し、プリント学習を強いる。

5年生までにそんな教室で過ごしてきたように感じました。「ねばならぬ」に縛られた、「ガチガチの空気」を感じました。

安心感がないからこそ、子どもたちは落ち着かない。学級がざわついていく。そして、授業が成立しない。もう、**学級崩壊を授業崩壊と言い換えてもよさそうだ**と感じてしまう状態でした。

そんなとき、まず着手するのは人的な環境整備です。

教師とつながること。そして、友だちとつながることです。

そこを度外視した「教材研究」や「授業準備」は、ボタンの「掛け違い」を続けるようなもので、いつまで経っても授業の居心地の悪さは変わらないでしょう。

「あれだけ準備をしたのにまったく子どもたちの意欲が高まらない」

それは、単純に先生と子どもが結びついていない。子どもと子どもの関係が築かれていないだけではないでしょうか。

ですから、**「自己存在感」「共感的な人間関係」「自己決定」「安心・安全な風土」をキーワードとした生徒指導の機能を生かした授業づくりのような側面を重視**して授業に臨む必要があると考えています。ＩＱよりＥＱを重視するのです。

言葉どおり、「２ヶ月間授業をしなかった教室」では、見事に子どもたちが息を吹き返しました。教室には笑顔が増え、授業が活発になり、子どもの満足度が高まりました。その年の公開授業でも爆発的な事実を残してくれました。

ゆえに、生徒指導事案も一気に減り、「教科書」は何とかなりました。この辺りのからくりは、Ｐ.104でお伝えできればと思います。

子どもたちの意欲ややる気、関心などの主体的な姿は、サービスを排除することでのみ引き出されるわけではありません。安心感があって初めて、溢れ出てくるものだと考えています。

第2ボタン

生徒指導で起こる「掛け違い」

席替えから始まる掛け違い

「2週間ありがとうございました！　お世話になりました！」
そう言って、子どもたちは新しい座席へ移動します。
私の学級では、2週間に一度、席替えをしています。全員「クジ」です。
席替えをするとき、子どもたちに尋ねます。「何のために席替えをするの？」。
子どもたちは、「誰とでも仲よくするため！」と真っ先に答えます。
子どもたちは、大人がどんな答えを求めているか知っています。
しかし、頭ではわかっていても、心から理解しているかどうかはわかりません。
むしろ、「誰とでも仲よく」など、大人でも理解できないかもしれません。
「誰とでも仲よくする」という言葉は、実現可能なのでしょうか。
大抵、クジを引くとき、「後ろの方がいい」とか「あの子と同じ班がいい」とか、子どもには何か「願い」があります。このとき、すでに「掛け違い」は起きています。

本来「誰とでもよい」ならば、お願いも何もありません。

それなのに、席が近いと「やったー」となり、前の席になると「終わった」と肩を落とします。その姿を見た先生も、「そういう態度をとるんじゃない」とイライラします。首元で掛け違ったボタンが見えます。

だから、「席替え」は先生方の教室の実態に応じてその方法がさまざまなのです。たとえ初任者であっても、「掲示物」のように学年で統一しにくいのです。

お別れの挨拶を済ませた子どもたちは、新しい席になると「2週間よろしくお願いします！」と言って顔合わせを済ませます。

その後、ジャンケンやあっち向いてホイなど、簡単なゲームをしてクジを回収し、授業に移ります。

4月当初はショックで打ちひしがれている子もいますが、2週間という短いスパンで席替えをするようになると、その感覚も薄れていきます。

２ヶ月経つ頃には、いい意味で「割り切る」ようにもなるのです。

そもそも、席替えをクジでやっている学級とそうでない学級には、どんな差があるのでしょうか。クジで席替えができない理由は何でしょうか。

視力の問題？　身長によって前が見えにくい？　そんなことではありません。人間関係です。単純に人間関係が豊かではない。または、子ども同士の反りが合わない。あの子らが犬猿の仲である。そんなネガティブな生徒指導的理由でクジという「偶然性のある席替え」を導入できないのだと思います。

では、安定した人間関係ばかりを提供し続けることは、本当の優しさになるのでしょうか。**不都合を取り除くだけの「席替えサービス」は、その子の何を成長させていくのでしょうか。**

そして、子どもが真っ先に答えた「誰とでも仲よくなれるように」を、本気で目指しているのでしょうか。

子どもの言葉を本気で信じて、多少ギクシャクしたとしても、それを成長のチャンスに変える指導力やアイディア、信念が教師にあるでしょうか。

思っているよりも2週間という期間は短く、あっという間に席替えの時期はやってきます。

子どもたちは、「思ったようにならない経験」を2週間に1回経験します。

そんな経験を重ねると、「どうやって2週間過ごしたら幸せか」とか、「どうやったら気持ちよく過ごせるか」とか、「自分次第で何とでもなるもんだ」とか、「意外に何とかなるもんだな」と実感するようになります。

「配慮」という名のサービスを受けずとも、自分で現実を切り開いていく経験を積みます。その度に逞しくなっていきます。

年間200日の登校日数に対して2週間で席替えをすると、単純計算で20回は席替えをすることになります。

実はこれでも、30人の学級だとして10人の子と隣になることはありません。同じ人と隣になることが増えれば、もっとその機会は減ります。

教室に波風立てないような席替え。教師の管理しやすさを優先した席替え。生徒指導的なトラブル回避のための席替え。

ボタンの掛け違いは「席替え」の時点で生まれている気がしてならないのです。

何かをするから仲よくなるという順序性

安定した席替えで済ませたいと思う背景に、**「子どもたち同士が安心感をもって生活してほしい」という教師の願い**があります。

よくわかります。私も同じ気持ちです。

むしろ、多忙な日々を送っていると、「トラブルを起こさないでくれ」「休み時間は仲よく遊んでくれ」「他の学年と問題を起こして帰ってくるなよ」と思います。

偶然でよいとはいえ、「あの席は要注意だな」とか「あそこがくっついてしまったか」という思いが頭をよぎることはたくさんあります。

これは、**「誰とでも仲よくさせたい」と思っているから湧き上がる感情**です。

何なら「仲のよい学級」を目指していたり、「友だち100人できるかな」を信じているからこそ湧き上がる感情です。

しかし、残念ながら人は誰とでも仲よくできません。

仲よくできないというよりは、仲よくする必要がないと言った方が適切かもしれません。「運動大好きやんちゃさん」と、「読書が大好き控えめさん」が2人で仲よく遊んだとしたら、それはかなり不自然です。

だから、「誰とでも仲よくするため」という席替えの意味は、**「誰とでも協力するため」とか「誰とでも力を合わせていくため」と言いかえることができ、共同体の意識を芽生えさせる**ことに価値があるのではないでしょうか。

極端な話、「仲よくはないけれど、目的に向かってうまくやる」ことができればそれでよいということです。

これを履き違えて、「仲よくないからあの席は不安」と教師が思っている時点で、教室がどういう場であるかという目的を見失っています。

スムーズに授業を進めたい、トラブルなく話し合いを進めたいから、席替えが「仲のよい人同士」であってほしいのです。

私たち大人が、こういう無意識的かつ潜在的な願望にもっと自覚的でなければ、毎日「掛け違い」が続いてしまうことでしょう。

スラムダンクの有名なシーンに、桜木と流川のハイタッチのシーンがあります。山王工業との試合を決めたシュート直後のシーンです。

2人は普段から「仲が悪い」はずです。

しかし、試合になったら目的は合致します。

普段お互いにパスをすることはありませんが、最後の最後に目的思考でプレーした結果、「仲が悪いけれどパスを出す」選択をとります。そして試合に勝ちます。

「パスをするからハイタッチが生まれる」と考えると、「仲がいいから試合に勝つ」ではなく、「試合を一緒にしたから仲がよくなる」という構図が見えそうです。

ドラゴンボールにおいても、悟空とベジータがフリーザを倒そうとしたように、ワンピースにおいてルフィとローが同盟を結んだように、「仲がよいから何かができる」わけではなく、「何かをするから仲がよくなる」と思えたら、席替えの偶然性すら成長のチャンスに見えるのではないでしょうか。

ある年のクジ引きで、メガネをかけた子が一番後ろの席を引きました。

私は、その子が座席に着くまで気づきませんでしたが、子どもたちは、「やり直す？」「前の人と変わろうか？」と相談していました。

しかしその子は、「先生、大丈夫です！　○○さんに聞けば済む話なので！」と隣の人にニコッと笑顔で言いました。

隣の子も照れくさそうに、でもうれしそうにしていました。

私は、「配慮って何だろう」と頭を殴られたような気になりました。

できないことがあるから人を頼る。そして協力する。

わからないことがあるから人に聞き、そして理解する。

子どもたちはお互いのことをよく知りません。顔と名前はわかっていても、どんな人か知りません。

知らないことは怖いことです。だから子どもたちは席替えが怖いのです。

だから、「知らない人と何かはできない」と無意識に思ってしまうのでしょう。

教室では、そんな「不安」の掛け違いを直していきたいのです。「何かをしたら、知ることができるよ」と伝えていきたいのです。安心はアクションの先にあります。お互いを知り合うことができたら、きっと子どもたちの心理的安全性や人的な環境は整っていくはずです。

ホウレンソウより大切なこと

夏休みに入ろうかという7月末、ある子の学習用具がなくなっていることに気づきました。家庭へ持ち帰るため、全員に配っていたときのことでした。

「きっと誰かが間違えて持っているだろう」と思った私は、その子に「いずれ見つかるから大丈夫だよ」と伝え、下校させました。

学年主任にも伝え、管理職まで連絡を届けました。放課後、家庭にも一報を入れ、お母さんに事情を説明しました。

私は、「マニュアル通り」に生徒指導的な手続きを終えました。

夏休みが明け、その学習用具は見つかりました。

予想通り、別の子が間違えて持って帰っていたのでした。持ち帰っていた子も、申し訳なさそうにしていました。

しかし、「見つかった」という連絡を家庭にすると、保護者は大激怒したのです。対応の遅さや連絡の少なさもそうですが、何より持ち帰った子の謝罪の態度に納得がいかなかったようでした。

夏休みの間、「もしかしていじめられているのだろうか」「誰かに隠されたのだろうか」「もう見つからないんじゃないか」「だったら買い換えたほうがよいのだろうか」と悩み続けていたのだそうです。

それなのに、「間違えて持って帰っていてごめん」という一言で済まされたことに納得がいかなかったのです。

最終的に、時間をかけて話し合い、理解していただくことはできました。丁寧に長文のお手紙もいただきましたし、卒業する際も笑顔で挨拶してくださいました。

しかし、当事者の子や保護者へ要らぬ心配をさせてしまったこと、相手のご家庭を変に巻き込んでしまったこと、そして、学年主任や管理職への申し訳なさでいっぱいでした。

マニュアル通りに「対応」したはずですが、それは**学校側の都合、担任の都合に留まっていた**ことを痛感しました。

20代の私は、この一件を通してホウレンソウ（報告・連絡・相談）以上に大切なことがあると感じました。

それが、スピードです。いわゆる「早期発見・早期対策・早期対応・早期解決」です。**私には、スピードが圧倒的に足りなかったのです。**

スピードが遅い原因に、教師中心の考え方がありました。その子の気持ちになって寄り添うとか、相手に想像力を働かせるとか、そんな他者意識が足りなかったのだと思います。

本気で寄り添っていれば、もう少し丁寧な探し方をするとか、もう一本電話連絡が多くなるとかしたはずで、その必死さは「一言で済ます謝罪」にはつながらなかったでしょう。

無くなった子は、実は、学級の中で少し立場の弱い位置にいました。保護者の方が、数年間どのような気持ちで子どもを学校へ送り出していたのかを想像すると涙が出る思いでした。

そう考えたとき、学校で共有されている生徒指導マニュアルに対して違和感を覚えました。「掛け違い」に気づいたのです。

まず生徒指導で優先すべきは子どもです。そして保護者、家庭です。「自分はマニュアル通りに対応を済ませた」という既成事実は必要なく、保身に走るようなことはあってはなりません。

あるのはスピード。それだけです。

子どもへの寄り添い、保護者への誠実な連絡、翌日以降のサポート、定期的な確認など、「やりすぎ」くらいの先手先手が大切です。

場合によっては、「簡単に謝罪しない方がよい」とか「連絡帳には事実を残さない」といったリスクヘッジを取るケースもありますが、私はそれがすべてではないと考えています。

必要であれば謝罪し、筆を取って文章に思いを込めることも大切です。

学校は完璧ではありません。学級においてミスは発生します。生徒指導のトラブルがゼロの年なんてあるわけがないのです。

そんな中で何を優先すべきか、一度ボタンを全部外して考えてみたいと思うのです。

「つもり」にならない

中学生になった教え子から手紙が届きました。

一部紹介します。


先生、元気ですか？　私はすごく元気です。

今日は、元6年2組の成長を教えたいと思って手紙を書きました。

～中略～（全員分の成長が書かれていた）

そして、6年2組を変えてくれてありがとうございました。もし古舘先生が来てなくて、あのままの6年2組だったら、中学校になったとき、もう、ヤバくなってると思います。

だから感謝しています。本当にありがとうございます。

最初、先生が来たときは、価値語、今日のかがやき、日本一など、すごいことを言っているから、何を言っているのかまったくわかりませんでした（笑）。

でも、今ならわかる気がします。

先生が6年2組に伝えたかったことを。

私は、先生に出会えてよかったと思います。

自分のいいところ、悪いところ、すべてを見つけられたからです。

〜中略〜（小6の後輩を気遣う内容が書かれていた）

急な手紙、ごめんなさい。先生、本当にがんばってください。


大変驚きました。

関係が悪いまま卒業させてしまったと思っていた子から届いたからです。

こんな手紙をもらえるなんて思ってもいなかったからです。

手紙をもらえたうれしさと、伝わってよかったという安堵の気持ちでいっぱいでした。

しかし私は、担任している間、この子に信頼されていませんでした。

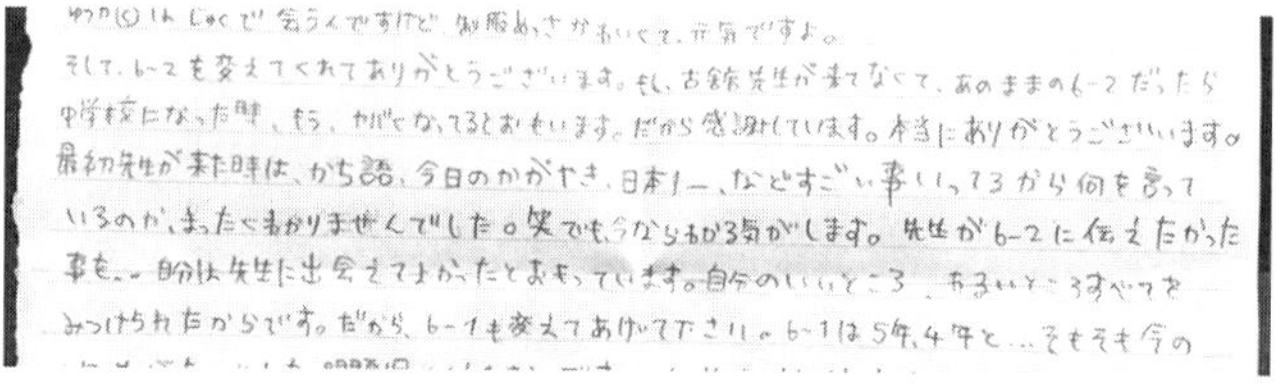
ゆうか(C)はじゅくで会うんですけど制服姿がかわいくて、元気ですよ。
そして、6−2を変えてくれてありがとうございます。もし、お舘先生が来てなくて、あのままの6−2だったら
中学校になった時、もう、だめになってるとおもいます。だから感謝しています。本当にありがとうございます。
最初先生が来た時は、かち語、今日のかがやき、日本1ー、などすごい事いってるから何を言って
いるのか、まったくわかりませんでした。笑 でも今ならわかる気がします。先生が6−2に伝えたかった
事も…。自分は先生に出会えてよかったとおもっています。自分のいいところ、わるいところすべてを
みつけられたからです。だから、6−1も変えてあげてください。6−1は5年、4年と…そもそも今の

悩みを訴えに来ていたのに、話を聞いていた「つもり」になっていたからです。

あるとき、「先生、ちゃんと話聞いてくださいよ！」と言われたことがありました。

私は「聞いてるよ。ちゃんと聞いてる」と答えました。

その子は食い気味に「聞いてないじゃないですか！　顔が面倒くさそうじゃないですか！」と言い、その場で泣き崩れました。

そんな状態になるまで寄り添えなかった自分を責めましたし、もしかしたら、他の子に対しても「つもり」になっているのではないかと怖くなりました。

私はそれから、作文ノートの返事を通してその子への思いを伝えるようにしました。その子への償いの気持ちと、もう二度とこういう思いをさせないためでした。

生徒指導において「信頼」や「関係性」は極めて重要です。

でも、「信頼されるため」とか、「関係性を築くため」という理由で子どもたちに接するのは違います。

信頼されたり関係性が豊かになったりするのは、「結果」です。

そんな教師の姿勢を子どもは見抜きますし、場合によっては逆に壁をつくるようなこともあるでしょう。

たとえば、アイコンタクト、笑顔、表情。立ち方、座り方、身体。言葉、文、話し方。リアクション、間の取り方、関心の寄せ方。

そんな日常的な私たちの「姿勢」から、結果として「この先生は安心できる」とか「相談しても大丈夫そうだ」と思ってもらえるようになるのです。

私はこの子との関係から、そんなことを考えるようになりました。たくさん学ばせてもらいました。

学校で過ごす子どもたちにとって一番身近で一番頼りになるのが担任の先生です。だから、担任の先生はいつでも「つもりかもしれない」と自覚し、子どもたちに向き合わなければなりません。

常に「掛け違っているかもしれない」と自認しておくことが第一歩です。

そうやってほめるから冷める

子どもたちは、「先生が何を言わんとしているか」をよく敏感にキャッチします。場合によっては、その雰囲気によって教室の空気が次第に冷めていきます。「ほめていても」冷めていくことがあります。

たとえば、掃除場面。

まず目につくのは「掃除をしていない子」です。掃除の時間に掃除をしているのは当たり前です。「していない子」というのは全体からも逸脱した動きをしている場合が多く、目につきやすいのは当然です。

次に、「きちんと掃除をしている子」に目が向きます。ほうき、雑巾、熱心に手を動かしています。

そんな様子を「叱ろう」とか「ほめよう」とか考え、学級全体に話すこともあるでしょう。

しかし、そこで「どう」ほめるかによって学級の空気は温かくもなるし、冷めることもあります。

「掃除の様子を見ていました。みんな本当にがんばっていました。時間通り始めていて、自分の分担を責任もって掃除していました。とても素晴らしかったです」

この言葉をみなさんは「どう読む」でしょうか。ほめ言葉に聞こえるでしょうか。もし、「掃除をしていない子」に対して読むとすれば、「ほめ言葉」には聞こえません。「皮肉っぽい」感じや、「嫌味ったらしく」聞こえるのではないでしょうか。**Aさんを「ほめた」つもりが、Bさんへの「皮肉」となり、全体にその不協和音が響くはずです。**

Aさんはほめられているはずなのになぜか喜べない。Bさんは自分の話ではないのになぜか気まずい感じになり不快感を覚える。そして、教室全体が冷めていく。子どもたちが、「先生が何を言わんとしているか」を敏感にキャッチしたのです。

これは、掃除に限らずさまざまな場面で「掛け違う」ことがあります。

授業で挙手した子に対してのほめ言葉が、黙っている子へのプレッシャーになる。

宿題を提出している子へのほめ言葉が、未提出の子に対する嫌味になる。

給食をおかわりする子へのほめ言葉が、少食の子への牽制になる。

たくさん仕事をする係の子へのほめ言葉が、仕事をしない子への批判になる。

例を挙げればキリがありません。

そうやって、マイナスをプラスでカバーするようなほめ方は「プラマイ0」です。むしろ、1×（-1）＝-1となり、マイナスに作用してしまうこともあります。


では、どうやってほめたらよいのか。

それは、子どもたちの姿から、教室における価値を切り出すということです。

先ほどの掃除の例で言えば、掃除をすることによって得られるメリットがたくさんあります。「教室がきれいになる」のような物理的な利益。「気持ちよく過ごすことができる」という爽快感。

それ以外にも、「責任を果たすことによって信頼を得る」という価値や、「協力して仕事を成し遂げる」という達成感も見出せそうです。

逆に、掃除をしない人の場合、自分の思うままに過ごすことはできるし、勝手気ままができます。

しかし、「人の足を引っ張る」とか、「不適切な行動が輪を乱す」とか、「掃除に時間がかかってしまう」などのデメリットも生み出します。

こうした価値を多面的に切り出し、子どもたちにズラリと提示するのです。何を選ぶか、どの価値を大切にするかを選択させていくのです。

いわゆる自己決定の場を生み出すということです。

子どもたちは「マイナス」がしたくてしているわけではありません。どうやったらよいかわからない。なぜしなければならないかを知らない。だからマイナスの行動をしてしまっているのだと思います。

だったら教えてやればよい。選択肢を与えればよい。社会にはこんな価値観があるんだと伝えてやるのです。そして、一緒に選んであげたら安心できます。

そして、「自己決定に対して」ほめてあげるのです。「そんなあなたを信じている」と掛け合わせてあげたらよいのです。

「生徒指導」という言葉

教育実習での忘れられない学びがあります。大学4年時にお世話になった藤原友和先生からの「生徒指導」についての講義です。

当時、北海道教育大学函館校に在学していた私は、函館市内の小学校に教育実習生としてお世話になりました。

藤原先生は「生徒指導」のお話の中で「積極的生徒指導・消極的生徒指導」について教えてくださいました。

そのお話は、私の生徒指導に対する価値観をガラリと変えるには十分な時間で、19年経った今なお、私のマインドを支えています。

単純に言えば、「子どもを伸ばすのが生徒指導だ」と突きつけられたのです。

それまでの私は「生徒指導」というと「悪さをした子をこらしめる」とか「不適

切行動の修正を促す」ような認識に留まっていました。「問題行動に対する指導」「トラブルの事後指導」のようなイメージです。

また、「体育会系の先生」や「怖い先生」などが、生徒指導を担当しているのだろうと思っていました。

そんなイメージがあったため、藤原先生のお話はどれも新鮮でインパクトが強く、次の時間から子どもたちを見る目が変わるような即効性すらありました。

正直、あのとき、戸井西小学校に配属にならなかったら、藤原先生が勤務していなかったら、私の生徒指導マインドはどうなっていたかわかりません。

教育実習で教わってよかった。現場に出る前に学べてよかったと感じています。

しかし、残念ながら、現場の生徒指導は「消極的生徒指導」がそのほとんどを占めているのではないでしょうか。

問題行動等の未全防止に向けた予防的な指導や、子どもたちの成長を促すような開発的な指導はほとんど経験したことはありません。

あったとしても雑談程度。共通理解し、一般化し、「積極的生徒指導」として機能させている現場は稀ではないでしょうか。

そして、職員室で「生徒指導」という言葉の意味を掛け違えているから、それぞれの働き方や学級経営などがずれていくのでしょう。ずれたまま日常的に生活していくため、話が噛み合わないのでしょう。

委員会やクラブ活動の際、担任外の先生が子どもたちと接するときに同じマインドで接することができないのも、この理由かもしれません。

職員会議や朝会、打ち合わせなどで出てくる子どもの名前も、その多くが「消極的生徒指導」でピックアップされた子どもたちです。

交通ルールを守らなかった子がいる。違う学年とトラブルになった。そんな報告ばかりされたら、**そういうマイナスの目が職員室に育ちます。**

何か事を起こしたときだけ「付箋やメモ」の走り書きが机上に伏せて置かれ、先生方は、不快な気持ちになります。

「もうこんな気持ちになりたくない」という自分を守る考え方が、子どもたちに対する「管理」を強化します。

管理された子どもたちは、選択肢を失い、自己決定の機会を失います。思考停止状態になり、主体性を奪われます。考える、決めるといった学びのチャンスを逃すことになります。

そして、教師の潜在的な教育効果（ヒドゥンカリキュラム）が教室を支配していくのです。

教室も、職員室も同じです。

正直、生徒指導主任の立場の方がもっと藤原先生のようなお考えで仕事をしてくれたらな…と思うことも多々あります。

でも、その考えもまた私個人のエゴであり、職員室に対する排他的な考え方かもしれません。

すると、子どもたちとボタンを掛け直すよりもはるかに、大人と掛け直していく方が難しいことに気づきます。

まずは、生徒指導が何を目的としているのかを自分なりに解釈すること。

そして、生徒指導という言葉の意味を考え合うこと。

すると、きっと1つ目のボタンが噛み合い、順に掛け合っていくはずだと信じています。

第3ボタン

職員室で起こる「掛け違い」

ルームランナーで走る現場

生徒指導の掛け違いでも書いたように、大人同士の「掛け違い」は多々起こります。

そして、大人同士の掛け違いほど掛け直しが難しいものもありません。

なぜなら、大人の方が長い間思考停止状態にあったからです。

毎日毎日、山のように降ってくる仕事。業務量が増えるばかりで一向に解決に向かわない現場。受け身の仕事ばかりです。

また、日々何かの締切に追われ、学校と家庭の行き来を繰り返しているだけで精一杯の先生もいるのではないでしょうか。

そんな中で、「考えましょう！」と主体性を求めても、「去年まではこうだった」とか「この学校は今までこうしてきている」という前例踏襲を押し付けられてしまいます。きっと、その方が楽だからです。

そんな中で働き続けると、むしろ思考を停止させ、大きな流れに身を任せている方がストレスなく仕事ができるのではないかと錯覚してしまいます。

耐えれば何とか終わる。そんな仕事になっている気がします。

そして、「子どもたちのためだから」と無理に言い聞かせている気もします。

走っているけれど進んでいない。そんな状態に陥ってはいないでしょうか。

たとえば、全国学力学習状況調査や県の学力検査などがその典型的な例です。毎年毎年行わなければならない。上から降りてくるものだからといって位置付けられます。そこに抗うだけの力はなく、「はいわかりました」と実施。学力向上の担当者からは、当たり前のように「過去問題」や「出題傾向」を伝えられ、プリントなどで補充するように促されます。

場合によっては、テスト対策期間のようなものが設けられることもあるでしょう。もう、国や県の目的も、学校の目的も度外視された「ちゃんちゃらおかしい」取り組みです。

「ベルトが回るから走る」ような、ルームランナー的取り組みです。

自分で足を前に出して走るような主体性は、学校にも先生方にもありません。

もちろん、私自身もその一人です。

だから私は、せめてもの抵抗として「学調対策はしない」と決めています（当たり前のことですが）。大量に刷られたプリントもまとめて捨てる。得点などまったく気にしない。何なら結果すら見ません。

体力テストも同じです。もう、体力テストのための体力テストです。

体育の時間を割いて「練習」をします。「子どもがわからないから」と言います。場合によっては、3回も4回も計測します。本来、ルール上アウトです。

でも、私たちには、まったくの悪気はありません。子どもの「わかる・できる」を目指して学力テストや体力テストに臨んでいます。決してルール違反がしたいわけではないのです。

もう、思考停止状態であることにすら気づいていないのかもしれません。

道路をランニングするなら景色が変わります。風も感じます。ゴールも見えます。

応援だって聞こえてきそうです。隣には誰かが走っています。

でも、今私たちが走っているのはルームランナーです。強制的にベルトが周り、一定の距離で負荷が変わり、同じことを同じように同じペースでこなしていくだけのランニングです。そして、すべて数値化されます。

学校は、職員は、私たちは、何を目指して走っているのでしょうか。凝り固まった教育観、働き方、授業…。旧態依然を打破していくためにも職員が目的を確かにし、力強く地面を蹴って進んでいくカリキュラムを編成していくべきだと考えています。数値に左右されない、自分たちの価値観を生み出していくような学校運営が急務です。

そもそも、対策されたテストを報告したとして、結果がよければ「○○小学校は大丈夫」だと思われます。体力テストもそうです。

しかし、本当の数値が届かなければ、現場を好転させる材料になりません。苦しい苦しいと言いながら、「うちは大丈夫ですよ」と見栄を張っているようなものです。それは、シャツのボタンを掛け違ったまま着て、堂々と人前に立っているようなものです。

6年間で育てるということ

私は1年生を担任したことがありません。2年生もありません。つまり、低学年の経験がありません。

SNSでは、「すべての学年を担任して一人前」とか、「高学年しかできないんだろう」とか揶揄されたこともあります。

確かにそうかもしれません。そうだろうなとも思います。でも、なぜ私は低学年の担任ができなかったのでしょうか。

もちろん、「希望を書かない」ことも理由の一つです。管理職の先生の采配に任せているため、「駒として使ってもらう」ことを前提にしています。

だから、低学年を経験してこなかった過去も後悔はありません。高学年の担任ばかりで不満があるわけでもありません。

でも、なぜそうなってしまったかについては考える必要があると思います。

なぜあれだけ活発な1年生が、6年生になると停滞してしまうのでしょうか。

なぜ6年生になるにつれ、朝の会で挨拶しなくなるのでしょうか。

なぜ6年生になるにつれ、歌を歌わなくなっていくのでしょうか。

なぜ6年生になるにつれ、学校が楽しくないと言うようになるのでしょうか。

なぜ6年生になるにつれ、手が挙がらなくなり、ノートに書かなくなり、寝る子が増え、不登校になり、時間を守らなくなっていくのでしょうか。

それも、全国的に。

それは、「集団行動を重視しすぎる教室」に原因があると考えています。

あまり他の書籍では書かれないことで、誤解を招くことにもなりそうですが、低学年できちんと座らせすぎる規律。きちんと書かせすぎる指導。きちんと教えすぎる教室に原因があると考えています。

中学年で、まったく自由度がない状態。関わり合う時間が圧倒的に少ない授業。

大抵のことを大人が解決してしまう介入に原因があると思っています。

余白のないまま、舗装された道を法定速度で走らせ続けることが、子どもたちの主体性や考える力を奪ってきたと言っても過言ではないと考えているのです。

下手に主体性を発揮しようものならば、「黙っていなさい」と蓋をされ、出過ぎようものならば「みんなでやります」と杭を打たれます。

活発なだけなのに「あの子は落ち着きがない」と言われ、ユニークなだけなのに「あの子は輪を乱す」とラベルが貼られます。

ダイバーシティとか寛容的な社会と言われているのに、一律一斉の指導観から抜け出せない学校現場にその責任があると感じているのです。

こんなことを書くと、「じゃあ低学年の先生が悪いのか」とか、「中学年に初任者を配置する学校が多いからだ」とか、表面的な部分だけを切り取られて話が進みそうですが、そういう問題ではありません。

6年間かけてどんな子どもたちを育てていくのかということを、義務教育に対して職員室がどう向き合うのかということを、きちんと考え直したいのです。

「○○ギャップ」が生まれるのはそのせいではないでしょうか。

私は大学を出てすぐに小規模校に勤めました。全校36人の学校で、職員は10人程度です。複式学級もありましたから、職員もベテランばかりでした。もちろん、20

代は私一人です。

その学校では、子どもたちをどう育てようかという共通理解が確かにありました。全児童を全職員で育てる教育を体現しているような学校でした。だから、6年生の子どもたちが立派に育っていました。たった6人の6年生は活発に手を挙げ、教え合い、助け合っていました。

挨拶は丁寧で、毎日6人で遊んでいました。**いじめなどなく、きっと支援が必要だっただろう子も包括していくような、包摂性のある教室**でした。

たった6人で歌う卒業式の合唱は、体育館に感動を生むには十分でした。

同じマインドで、同じ教育観で6年間育った子どもたちは「こう育つんだ」と、大学を出たばかりの私は、私なりに学校教育に未来を感じていたのです。

低学年の先生がガチガチに管理するからだとか、中学年の先生が自由度を高めないからだとか、高学年の先生が高圧的に自己満足の学級経営ばかりしているからだとか、そういう議論ではなくて、なぜ共通理解できないのか、共通了解を探し当てられないのかに目を向け、教師集団が手を取り合っていくことが今求められているのではないかと切実に感じているのです。

ストーリーとコンテクスト

もし、全職員で全児童を育てていくことが可能なら、こんなに素敵なことはありません。容易なことではないとわかっているなら尚更です。

だから、放課後の職員室で「古舘先生、◯◯さんが…」とか「古舘先生、◯◯さんのことで…」と子どものことを相談されたり、報告していただくことはありがたい関係だと感じています。

しかし、そんな情報共有も「ずれているかもしれない」と感じることがあります。表面上の不適応行動をただ伝えてくる場合と、すでに指導を済ませてくださっている場合があるからです。また、**「部分」だけを切り取る場合と、「文脈」で受け取ってくれる場合**もあります。

言葉のチョイスや表情、雰囲気から、そのずれを感じることがあります。

たとえば「委員会の仕事をしなかった」という「部分」があったとします。担任としては、「それでも前より落ち着いた」とか、「でも教室ではがんばっているから」と「文脈」で考えることもできます。

しかし、その文脈を共通理解していなければ、「仕事に来なかったので謝りに来させてください」とか、「明日代わりに仕事をさせてもいいですね」のような罰を与える結果になりかねません。

大人同士で何かを話す場合、その子のストーリーがあるわけで、背景にある文脈で話をしなければ、指導の着地点がずれていくだろうと考えています。

まるで、「私のイライラを解消させていただきます」というテンションで愚痴られた感覚になってしまいます。

腹が立つというより、残念です。

逆に、その子の背景や担任の指導、子どもをどう育てていくかという目的が共有できていれば、「すみません。指導しておきます」の一言で解決するはずです。

長い目で見ていただいているなとか、背景を考えてくださっているなと感じます。

子どもの成長をどう見守るかという着地点で合意している感覚になれます。

5年生を担任した年、給食の片付けで廊下を通った6年生を指導したことがありました。よく名前が挙がる子で、一筋縄ではいかないだろうと思える子でした。担任の先生も奮闘されており、6年生に進級してからは随分その名前を聞くことは少なくなりました。ただ、やはりご苦労はされているようでした。

私は、給食配膳用のワゴンに乗り、廊下を爆走しているその子に出会ったのです。つかつかと歩いていくと、2人はニヤニヤしながら「どうやってやり過ごそうか」と考えているようでした。もう「場慣れていた」のでしょう。

そこで私は、考えさせることにしました。**淡々と質問を投げかけ、子どもたちの停止した思考を呼び覚まそうとしました。**

子どもたちの表情は、だんだん真剣になり、目の色が変わり、してしまったことやこれからすべきことを考えているようでした。

5分ほどでその場を閉じて教室に戻すと、担任の先生に報告したそうです。

放課後、その先生から、「心に響いてる感じがしました。顔つきが、目が違いました」と教えていただきました。

私も、担任の先生の意向に添えていたかどうか、その子にとって何か納得できないことはなかったかを確認しました。

私は、2人の子と向き合いながら、「きっとあの担任の先生だったらこうするだろう」「もし担任の先生がこの場にいたらこういう方向にもっていくのではないか」と考えながら指導していました。そして、この5分がその子らにとって大切な文脈の一部になることを願ったのです。

私たち大人は、子どもたちのことを何か小さな歯車のように扱ってしまう節があります。大勢いる中の一人だと考えてしまうことがあります。

言い方は悪いのですが、高学年であれば「作業員」のように使っていることもあるのではないでしょうか。

子どもたち一人ひとり、それぞれの人生を歩んでいます。

たとえ小さくても、その子の人生の一部に携わっているのだという感覚はもち続けたいと思います。

その子のストーリーを一緒に築いていけるような大人になりたいと願っています。

管理職思考にならない

管理職は何を管理しているのでしょうか。仮に「私たち職員」だとします。

では、私たちの何を管理しているのでしょうか。仮に「仕事ぶり」だとします。

では、「仕事ぶり」を管理されていると感じているでしょうか。私はＮＯです。

もっと言えば、もう何年も管理職に「管理されている」と感じたことがありません。

一度だけ強烈に押さえつけられた経験がありますが、もう十数年も前のことです。「飲み会での一言」で校長室に呼び出された際、「古舘の言動を見張っておけ」という管理体制を感じたくらいです（P.18参照）。

でも、今考えると、それこそ管理職だと思えます。

つまり、先生方はもっと突拍子もないことをしてよいのだと思います。丸く収まっていないで、前例踏襲などせず、突き抜けたアイディアやワクワクすることを実行に移してよいと思っています。

「教諭」はやりたいことをやりたいようにやる。それを管理するのが管理職ではないでしょうか。

しかし、今の職員室は管理すべきことがほとんどありません（管理職の先生方が忙しくされているのは百も承知しています。リスペクトしかありません！）。

釘を刺されるのは、道交法違反や情報漏洩のリスク管理程度です。

こういう状況になっているのも、先生方が「管理職思考」になっているからだと考えています。先生方が、先回りして勝手に判断するようになっているからです。

たとえば、私は学級通信を出してきました。「文は人なり」というように、通信には書き手の人柄が出るように感じます。

若い頃の私は、本当に文章が書けず、たくさん朱書きをいただいていました。

ここには、**「古舘がこれを出したい」と書いた文章に対して、管理職が「これじゃあ出せない」と朱書きを加えるという「管理体制」**が働いています。

私の中には、無意識のうちに「この文章だと朱書きされてしまう」とか「この文章は管理職を通過しない」と学ぶようになりました。

学級通信を通して、「管理職思考」の文章を書くようになっていたのです。「古舘の思い」を書いたつもりが、だんだんと文章が丸くなっていきました。

今では、ほとんど朱書きされることなく通信が起案から返ってきますが、**やはり尖った文章を書いたときは管理職の先生がどう読むか気になりますし、管理されたいとすら願うことがあります。そんな攻めた通信が書きたいとさえ思います。**

それはつまり、「私は私のやりたいようにさせてもらう」ということです。管理職がNGを出すギリギリをいつでも攻めていたいと思う気持ちが残っているのです。

そう考えながら仕事をしていると、斬新なアイディアだったり、突拍子もない提案だったり、イノベーションやパラダイムシフトを起こすようなアクションが生まれます。

ある意味、「古舘さん、それはできないよ」とか「これは難しいね、却下」の数が多ければ多いほど、「私は教諭として仕事をしている‼」と思えます。

自分は思考停止ではない。自己決定している。価値観を生み出そうとしている…と、生き生きしている自分に出会えます。

先生方はどうでしょうか。**「きっとダメだろう」「たぶん却下される」「変わらない」と思って、勝手に自分の思考を停止させていませんか。頭の中に管理職を置いて安全に考えていませんか。**

岩手県は2年ごとの学級編成が常でした。低中高の3クラスで6年間過ごすということです。私が小学生の頃からもう何十年もそうでした。でも、「単年で変えるべきだ」とずっと言い続けてみました。すると、3年かかってついに実現しました。

多くは、「変わらない」のではなく、「変えるまで続けられない」のだと思います。

本来、各分掌からの提案は、学校に風を吹かせるためにあります。

管理職思考で仕事をするなら、あなたが提案する意味はありません。

あなたがその仕事をしているのは、あなたの生み出す価値がほしくて、あなたの選択が知りたくて、そのボタンをあなたが通すためです。

教諭は教諭のボタンを掛ける。

下手に「管理職思考」で仕事をせず、私たちは自分のやりたいことをまっすぐ決める。決定を下すのは管理職。その構図を履き違えてはいけません。

そういう緊張感をいい意味で楽しみたいものです。

真面目な先生ほど苦しむ

令和2年度の春。

コロナウイルス蔓延防止のための一斉休校の影響を受けた春。

学校現場では、前代未聞の春を迎えました。

教科書が終わっていない。前年度の未履修単元からスタートとなりました。

年間の登校日数は決まっていますから、詰め込むとか、うまくやるとか、授業の工夫が課せられました。そのほとんどが担任の裁量によって進められました。

私の学級は、学年4クラス中一番やり残し単元が多く、各教科2単元ずつ残っているような状態でした。

それでも結果的に、1学期を終える頃には追いつくことができました。

もちろん、運動会や修学旅行が2学期に延期になったこともあり、行事に振り回されない日々を送ることができた追い風も影響しています。

これが何を意味するか。それは、**2ヶ月や2単元くらいの遅れならいくらでも取り戻せるという**事実です。

しかし、数年経った今、現場では相変わらず「授業が終わらない」とか、「通知表に間に合わない」と騒ぐことがあります。

教科書を教科書通りに。単元を指導書の計画通りに。45分を45分で行っているのでしょう。

真面目な先生であればあるほど、この計画や手順を大切に守りぬきます。

特に、5年生の算数などはそのボリュームが多く、毎年3学期に悲鳴をあげているように感じます。

さらに、先生方の盲点になっているのは市販のテストです。

令和5年度の5年生のテストをカウントしてみると、国語17枚、算数17枚、社会15枚の計49枚のテストを年間で実施していることになりました（理科と英語は専科の先生にお願いしています）。

つまり、先生方は自分の持ちコマの中で49時間を捻出しているということです。

この49時間は、きっと年間指導計画に位置づいた時間ではありません。

たとえば、国語6時間単元＋1時間のテストであり、年間計画には予定されていない時間になるでしょう。

だから、単元計画通りに授業を進めているはずなのに、単元が終わるごとに1時間ずつしわ寄せが生まれ、学期の後半や年度の後半になると数時間の遅れが生じているのです。

ですから、もし学年団で話をするのであれば、どうやって単元を進めるか、今どの単元を進めているかという確認をするのではなく、「何時間削れそうか」「どうやって早く終わらせようか」という知恵を出し合った方がよいと考えています。

誤解を恐れずに言えば、「単元を簡単に終わらせる方法」を見つけるのです。

これは、「学びやすさ」を重視すると同時に、「目的思考」で授業や単元をデザインすることでもあります。

いかにサービスを減らし、子どもに火をつけ、学びを加速させるかという視点で授業づくりに徹するということです。

「心理的安全性によって蘇るモノ」で書いたように、「2ヶ月間授業をしなかった教室」で教科書がなんとかなったのは、このおかげです。**どうやったら6時間が5時間になるかを考えたのです。**どの時間を削り、何に力を注ぐか取捨選択したのです。だから、2ヶ月授業をせずとも、指導事項自体はクリアでき、教科書がなんとかなったのです。

令和3年度の冬、野口芳宏先生が本校で示範授業をしてくださったことがありました。3年生の学級で「三年とうげ」の第1時を展開してくださいました。

放課後の協議会で、「もし明日からもこの単元を指導できるとしたら、あと何時間ほしいですか?」という質問が投げかけられました。**野口先生は「あと1時間でいいな（全2時間）」と答えました。**会議室がどよめきに包まれました。

でも、本単元で身につけさせたい力が身についたら、それでその単元の役割は十分果たしたことになります。野口先生は「目的」を大切にしていたのです。

私を含め、先生方が単元計画や指導計画というバイアスに縛られているのではないかと考えています。先生方がもっと肩の力を抜いて授業に臨めるといいのに…と思わずにはいられません。

数年我慢すれば

あるイベントの懇親会に参加したとき、私立小学校に勤務されている先生方と話す機会がありました。「みんなよく喋るなあ」という印象でした。

話をしていると、「職員室で職員がぶつかることはあるのか」という話題になりました。その先生方の答えは「ある」でした。むしろ、毎日のようにお互いの考えを主張し合っているというのです。

私自身はそういう職員室を経験したことがありませんでした。「口喧嘩っぽい関係」になったことはありましたが、指導法や教育観を磨いていくような議論はした経験がありませんでした。

その話を聞いたときは、「私立の学校って、すごい人がたくさん集まっているからだろうな」と思っていました。少し、憧れも抱きました。

でも、よく話を聞いてみると、**「すごい人が集まっているからぶつかる」のではなく、「ぶつからないとやっていけないからぶつかる」**ということがわかりました。

公立小学校と違い、あまり異動のない私立の学校では、ある程度メンバーが固定化された状態で何年も仕事をします。だから、腹を割って本音で語り合わないとギクシャクしたまま何年も過ごすことになるというのです。

そう考えると、公立小学校は数年我慢すれば現場が変わります。

管理職が退職するとか、あの先生が異動になるとか、自分が先に転出してしまうことだって可能です。場合によっては「1年で出戻り」なんてこともできます。

もし職員同士が噛み合っていなくても、数年我慢すれば、新天地でボタンを掛け直すチャンスが巡ってくるのです。

だから、目の前の現場で掛け違いに気づきながらも、あえて掛け直しにいかない先生がいるのも当然だろうと思います。

これは、公立学校現場がなかなか掛け違いを直せない理由の一つではないでしょうか。「目的思考」とか、「何のため」と考え直しても、1年経てば職員が変わるのですから仕方ありません。そこに労力を割きたくない気持ちもわかります。

私は現在、研究主任を任せていただいています。

ですから、校内研の場で自分の学級の様子をお伝えすることができますし、何を考えているのか、どうしたいのかを発信することもできます。

同時に、先生方のレポートや指導案を読ませていただくことによって、先生方がどんな教育観をおもちか、どんな子どもたちを育てていきたいのかを知ることもできます。

この条件が整っているので、私自身は先生方とのコミュニケーションに不安を感じません。むしろ良好にしていけると考えています。校内研を通してたくさんの情報をやり取りすることが、コミュニケーションを支えてくれているのです。

しかし、他の先生方はそうではないかもしれません。

お互いがお互いの教育観を交流する機会はあまりなく、「プリント印刷しておきました」とか、「手紙忘れずに配ろうね」とか、そういう確認のみがコミュニケーションになっているのではないかと感じます。

もちろん、お互いにどんな学級経営をしているのかは見えるでしょうし、子どものことを話している中でさまざま感じ取ることもできるはずです。

しかし、そこに対してツッコミを入れたり、質問して深掘りするようなことはないかもしれません。いい意味で「ぶつかる」ことはしないでしょう。

でも私はそこに踏み込みたいと考えています。自分の持ち場で、どうにか先生方のボタンを掛け直せないかと考え続けています。

多くの先生は、きっと掛け違いに気づいています。「なんだかうまくいかないなあ」と思いながら、でもうまくやり過ごしているのです。

その思いを「掛け直す場」をつくりたいのです。

来年度になればメンバーが変わります。学年団も変わります。子どもたちも変わります。

先生方は、掛け違ったまま進みますか。それとも、何かアクションを起こしますか。

もしアクションを起こすなら、自分の持ち場で精一杯ぶつかってみることです。簡単な話、同僚に思い切って話すことです。「違うなぁ」と思うこと。「こうしたいなぁ」と考えていることを言葉にしてみましょう。

変な話、ぶつかった所で年度が変わればリセットです。アクション一択です。

第4ボタン

保護者と起こる「掛け違い」

モンスター教師にはならない

始業式翌日。ちょうど8時に来校した保護者がいました。

保護者は校長室で待機。私の学級の保護者でした。

要件は「学級編成について」です。前年度に学級を編成した主任の話が聞きたいということでした。「古舘さんは大丈夫だから」と校長に言われ、私は教室に向かいました。

後で聞いてみると、**「あの子と一緒にしないでほしい」とお願いしたはずなのに、なぜ一緒の学級になったのか理由が知りたい**ということでした。

大変ご立腹のようで、学級の再編成もお願いされたようでした。

年度末、大変な保護者だと引き継いだご家庭でした。

私は、「やるしかない」と腹を括りました。1年かけて、「この学級でよかった」

と言っていただけるようにがんばるしかないと思いました。

2週間後、家庭訪問に伺うとたくさんお話を聞かせていただけました。

私は、この保護者と一緒に、その子が学級で幸せに、たくましく生きていけるようにしたいと決心しました。とても素晴らしい成長を見せてくれました。

その子が卒業し、中学校の入学式を終えた翌週、次のような手紙を届けてくれたのです。

一部紹介します。

> お久しぶりです。元気にしていますか？　私たちは中学校に入学し、仲よく楽しく中学校生活を楽しんでいます。たくさん友だちができました。

> 私は中学校に行って思うことがあります。小学校のことです。古館学級のことです。6年生になり、本当の成長のことを知り、いろいろなことを教えてもらいました。叱ってもらったこと、一緒に笑ったこと、全部覚えています。古館学級ですごした時間がもう戻ってこないんだと思うと、涙があふれます。
> 古館学級で過ごした日々すべてが、私の宝物です。ありがとうございました。

卒業の日、保護者の方と固い固い握手を交わしたことを覚えています。

学校現場では、保護者からのこのような「お願い」が増えているように感じます。6年生を7年連続担任した私の場合、すべての学級で「あの子とNG」という申し送りがあったことは確かです（一般性のあるデータとして使えるわけではありませんが）。

学校はこうしたケースにおいてどのように受け答えしているのでしょうか。「自分勝手だ」とか、「そんな要求を飲めるわけがない」とか、学校は学校の立場で考えるだろうし、保護者は保護者で意見を押し通そうとします。

次第に関係が悪くなり、場合によっては「モンペ扱い」してしまうこともあります。なぜ、お互いに手を取り合えないのでしょう。板挟みにあって不幸になるのは子どもなのに。

正直、この4月の一件を受けてから、その子に対する私の見方が変わってしまったことは確かです。トラブルにならないように。慎重に接しました。

いっそ、執事のように「お嬢様、何なりとお申し付けください」と言ってしまった方がよいのではないかと思うほど丁寧に接しました。

まさに、学校が家庭に対して、サービスを提供している感覚です。

しかし、私はまず家庭に信頼してもらうこと。「この先生なら任せてもよい」と思っていただくために、執事にでも何でもなりました。

そして、「モンスターペアレント」などとは一切思いませんでした。「対応」という言葉も使いたくありませんでした。

人間関係は鏡です。ミラーの法則です。こちらが「モンスターだ」と思った瞬間、自分が「モンスター教師」になると考えていました。思わず「対応」と口走った瞬間、きっと保護者も「先生対応」になると考えていました。

いつも想像します。この子が生まれたとき、このご両親はどんな顔でこの子を見つめたのだろう。涙を流して抱きしめたのではないか。一生をかけて守り抜くと誓ったのではないだろうか。そうやって想像力を働かせれば、口が裂けても「モンスターペアレント」などとは呼べません。間違っても「対応」とは言えません。

保護者は、子どもたちを育てていく上で一番の理解者であり、味方であり、手を取り合う仲間です。

「表の不安」と「裏の不安」

1年間担任する中で、不思議に思うことがあります。毎年感じることです。保護者には、「表の不安」と「裏の不安」があるという事実です。

表の不安とは、いわゆる「見える学力・体力」です。

裏の不安とは、いわゆる「人間関係・交友関係」です。

この2つがあるとわかってから、保護者の方には裏表を自覚してもらえるように促してきました。

たとえば、家庭訪問に行けば、子どもの育ちや家庭環境、交友関係に話が及びます。

話の方向も、「人間関係・交友関係」に話が広がります。

もちろん、そうした不安がない家庭は、真っ先に「宿題をやらない」とか「反抗期だ」という話に及びます。

しかし、学期末面談で学校にいらした際は、多くの保護者が「先生、うちの子勉強大丈夫ですか？」という不安を口にします。

通知表を渡したり、テストを返却されたりすることがあるため、表の不安に話が及ぶのでしょう。

保護者は、常にこの表と裏の不安を抱えながら、子どもを学校に送り出しているのです。そして、この2つが混在している場合、保護者もその不安の正体が何なのかわからなくなっています。

ですから、担任としてこの二面性を理解せずに保護者と話しても、ボタンがずれていく可能性があります。「うちの子大丈夫ですかね？」という質問が、表と裏のどちらを意味しているのか瞬時に判断しなければ噛み合いません。

尋ねられた瞬間、「最近テストの点数が厳しいからな」と想起するのか、「あの子とうまくいっていないんだよな」とピンとくるかで、保護者に対しての返事が決まるのです。

家庭にもよると思いますが、「楽しく登校してくれていれば勉強はそれなりでいい」という保護者もいます。逆に、「学力至上主義」の保護者もいます。

もちろん、サービスするつもりはありませんが、ニーズには応えたいと考えています。少なくとも、保護者にとって一番身近な相談窓口は担任です。

保護者が、我が子に対して何を願っているのか。何をどのくらい心配しているのかをご自身の言葉で考えてもらうきっかけになりたいと考えています。

そうやって対話しながら、今子どもに必要な力は何かを考え、そのために何をしていくのかを提案し、手を取り合っていくのです。

そこまで行けば、きっとサービスを求めすぎたり、サービスに文句を言ったりすることはなくなっていきます。

子どもを育てる主体者として保護者にも共同体の感覚が生まれるからです。

大抵、保護者からクレームが入るとき、保護者の消費者感覚は最大値に達しています。すると、教師側も自分のサービスを否定されたような感覚になり、対峙する構図が生まれます。

これではうまくいくはずがありません。

「保護者とも掛け違う場合がある」という前提において、「関係を築くチャンス」

のような心構えで受け止めるとよいでしょう。

ずいぶん昔の話ですが、私が初任者だった頃の指導教官の先生に、次の言葉をいただいたことがありました。

「親をも育てる時代なのよ」という言葉でした。

当時はその言葉が何を意味しているのかまったくわかりませんでしたが、今なら少しだけわかる気がします。

私たちは、子どもたちを育てていくと同時に、保護者もまた育んでいく必要があります。

そうしなければ、いつまで経っても保護者の消費者マインド、サービス受給者精神は変わりません。すべての保護者がそういうわけではないと思いますが、一方的なスタンスで物申す保護者もゼロではありません。

私たち学校も、そうした保護者がいる前提で、そうした保護者に対して排他的にならず、共に子どもたちを育てるために手を取り合う必要があるでしょう。

「あの家庭は」と切り捨てることは簡単です。でも、子どもは毎日登校します。

そう考えたとき、手を差し伸べるのはまず学校側ではないでしょうか。

「宿題」という縛り

「今日の宿題はなし！」

この一言で、子どもたちは教室が壊れるかと思うほど喜びます。

しかし、保護者は違うかもしれません。

「先生、もっと宿題出してください」「先生、うちの子宿題やらないんです」「ゲームばっかりやっていて」など、宿題は学校から出されて当たり前という感覚です。

ある学校に勤務したとき、家庭学習を強化していく取り組みがありました。違和感が大きい取り組みでしたが、中学校区で実施しているために学校単位で変えることがかなり難しい取り組みでもありました。

その期間中、保護者のサインが必要だったり、最終日には保護者からのコメントを記述してもらったりします。

気になった記述があったので、いくつか紹介します。

①もっと自分の苦手な科目を取り組んでほしいなと思いました
②ノーメディアはハードルが高いようでした（取り組み中はノーメディア推奨）
③習い事で疲れていても、「やらなきゃ」と甘えることなくがんばっていました

みなさんは、この3つのコメントをどのように読んだでしょうか。

①のコメントからは、やはり宿題や家庭学習が、「凹みを埋める」という認識になっているのだと感じました。

「得意を伸ばす」とか、「学び方を学ぶ」といった側面より、「苦手克服」や「補充」の意識が強いのだと思います。

②のコメントからは、子どもたちの学習環境について考え直しました。みなさん自身は、ラジオを聴いたり、曲を聴いたりしながら仕事をしますか？　それともノーメディアの方が集中できますか？

もしかしたら、曲を聴きながら勉強した方が捗る子もいるのではないかと感じました。

そもそも、ｅ－ラーニングを活用している子は、「ノーメディア」など無理です。また、家庭環境を想像すると、テレビがついている状況でやらざるを得ない子もいるかもしれません。小さい子がいて集中できず、音楽で気を紛らわしている場合もあるでしょう（古舘家長女はまさにその状態です）。

家庭学習における目的が達成されるならば、メディアがどうのこうのという手段に関しては自由度があってよいのではないかと考えています。

③のコメントからは、**宿題が子どもたちを苦しめているかもしれない**ということを考えました。

月曜から金曜まで、３つの習い事を掛け持ちしている子を担任したことがあります。土日は試合で忙しく、いつ休んでいるのだろうと心配していました。

申し訳なさそうに、「先生、昨日習い事で宿題できなくて…」という子に対して、なんと返事したらよいでしょうか。「その習い事は宿題より大切なことなのか？」など、口が裂けても絶対に聞けません。

もし許すなら、「宿題をなくしたら学力は下がるのか」という検証をしてみたいと考えています。

なぜなら、私たちは「宿題がある世界」しか経験していないからです。

宿題が少ないから学力が高まらない。**本当にそうでしょうか。本当に宿題が今の学力を支えているのでしょうか。**

その根拠が確かかどうか、調べてみたいのです。

宿題がなくなったとして、どんなメリットとデメリットが生まれるでしょうか。

私は、メリットの方がはるかに大きいと考えています。

その分学校での授業の質を高め（カリキュラム・マネジメントによる横断的な指導）、6時間を5時間で指導するような授業を展開できれば、学校の中で十分に学力は保障できると考えています。

その分放課後の時間が増え、習い事など自分の得意を伸ばしたり、好きなことに時間を費やせばよいのではないでしょうか。そうした時間を、本来「家庭学習」と呼ぶのではないでしょうか。保護者の負担や心配事もずいぶん減りそうです。

宿題を学校に提出して安心しているのは、大人だけかもしれません。

勉強は「量」か「質」か

しかし、宿題が明日からなくなるとは思えません。

だとしたら、その在り方を問い直す方が子どもたちのためになるでしょう。

事実、家庭学習の効果によって学力を伸ばしている子がいるのも確かです。

そうした子らは、無意識的に勉強の「コツ」を掴んでいます。

同時に、コツを掴むための「量」を通過しています。

しかし、その「量」を通過しないまま「質」を求めてしまう保護者がいることも確かです。

「うちの子は漢字しかやらなくて」「計算だけやればいいと思っていて」「空白が多くて」「字が雑で」など、**子どもたちの宿題を「○か×か」「やったかどうか」「親が納得できるかどうか」だけで判断しているの**です。

もちろん、最初から「質」の高い状態で家庭学習を始められたらよいのですが、そうもいかないでしょう。

だから、ある程度時間をかけながら、子どもたちが自分で自分のノートを振り返り、小さな階段を登っていくように学習の方法を学べたらよいと考えています。いわゆるコンピテンシーを意識して宿題のサイクルを回すということです。

そのためにしなければならないことは、今子どもたちがしている宿題を「○か×か」「やったかどうか」だけで判断せず、「何を加えたらよくなるか」「内容が引き立つためにどうしたらよいか」など、バージョンアップさせていくことが大切です。

たとえば、**ただ漢字を10行書いているような子に対して、「作業化しているよ」と注意するのは素人でもできます。**

しかし、「漢字の特徴を吹き出しで書いてごらん」と言って、隙間に「2本書く」とか「はねる」などの吹き出しを書かせたら、それは指導になります。

さらに、「どんなことに気をつけて練習したの？」「今日漢字練習をしようと思ったわけは？」と尋ね、その理由を「課題」として1行書かせたら、家庭学習に目標をもたせることができます。

子どもたちがやってきた宿題を預かり、一言加えるだけで家庭学習に血を通わせるような教師の関わりこそ、宿題の指導ではないでしょうか。

すると、自ずと量は増えてきます。課題を設定したり、振り返りを書いたりすれば、それだけで数行増えるからです。

隙間を使って吹き出しを入れ、解説やポイントも入れると、いい意味で余白が埋まります。

量を増やす中に質も高まってくるのです。

もう、「家でやったかやらないか」、「学校で提出したか否か」のような、そんな大人の目をかいくぐるための宿題なら、やらない方がよいかもしれません。

そんな宿題は、子どもたちの「学びたい・知りたい・わかりたい」という主体性のない、手段の目的化した「作業」になっています。

たとえば、「課題を書いてごらん」「吹き出しも書くといいよ」「キャラクターを登場させてみてね」「ポイントを蛍光ペンで囲もうね」「色使いは2色までに限定してみてね」「定規を使うとかなりスッキリするよ」「振り返りとまとめは区別して書いてごらん」「①②③のようにナンバリングしてみるとわかりやすいよ」「矢印で関係をつないでみて」「日付を書くのが第一歩だよ」など、**30人に30通りのテコ入れができるなら、すべての宿題に伸び代しか見えません。**

写真の子は、機械的で作業化された宿題しか出さない子でした。雑ではなく、誰に迷惑をかけるでもなく、でもどこか味気ないノートでした。そして、自分のやり方や方法に固執し、なかなか変えられない子でした。しかし、半年近くコツコツと声をかけ続けていると、だんだんと「心」の見えるノートになりました。

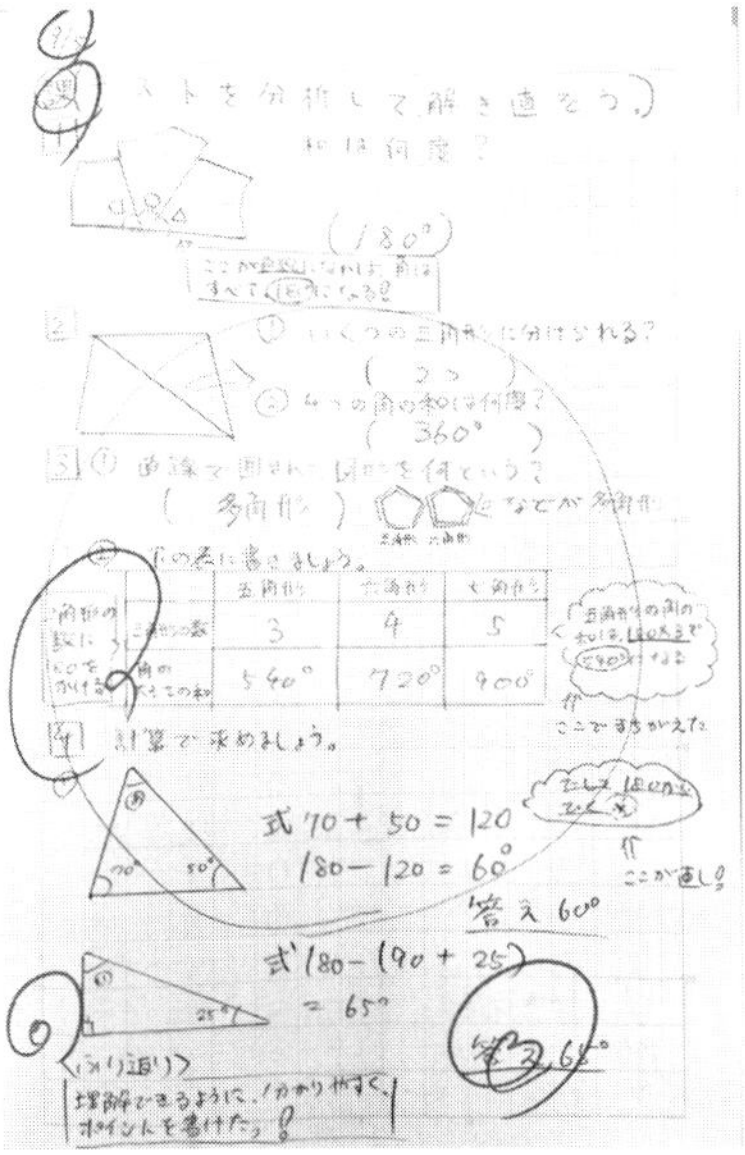

たった1ページですが、この子なりにコンパクトにまとめ、自分自身と向き合うようになったノートです。

習慣を変えるには、時間と根気が必要かもしれません。

宿題に即時性を求めてはなりません。

「見えるもの」で判断する

私は学級通信を発行します。採用2年目から発行しています。学校事情で発行できなかった数年間を除き、毎年発行してきました。

学級通信は「見えるもの」です。枚数が増え、号数がカウントされます。保護者にとっては、教室の様子が「見えるもの」であり、担任の考え方や教育方針も「見えるもの」です。

おかげさまで、保護者の方からは感謝の言葉をいただきます。手紙が届くこともあります。お会いした際は通信のことで話が盛り上がることもあります。

こうした「ブツ」があると、保護者の方は安心されます。ありきたりな言葉ですが、「先生は子どもたちのことをよく見てくださっている」と思っていただけます。

もちろん、そう思っていただくために発行しているわけではありませんが、そのリアクションのおかげで、もっとよく子どもたちを見て、もっとよい言葉で伝えようと思えます。

保護者の方は、何が事実かを知りたいのです。知らないことは怖いことですから不安になり、心配になるのです。

つまり、保護者へ安心を届けるためには、百聞は一見にしかずのような「事実」をお知らせするのが一番です。

通信は、その手段の一つです。写真入り通信などは事実そのものです。

しかし、すべての先生に学級通信を書いてほしいと思っているわけではありません。

たとえば、「漢字ドリル」の文字の丁寧さが変わったという事実。「連絡帳の文字」が前の学年と格段に違うという事実。ペーパーテストの「点数」も動かぬ事実です。先ほど紹介したような、家庭学習や宿題のノートも重要な「ブツ」です。

また、普段のノートの様子。手紙をきちんと出しているか。提出物をきちんと届けているか。朝学校に行くときの表情や声…。

日常生活の些細なことで、保護者の方は「見えるもの」を頼りに子どもたちの成長を確認しています。

担任に対する保護者の尋ね文句に、「先生、うちの子、学校ではどうですか？」という一言があります。実はこの時点で、家庭での子どもの変容はほとんど見られていないと受け止めてよいでしょう。

そこで多くの先生は、「○○さん、がんばっていますよ」と答えると思います。続けて、「国語の時間に〜」とか「掃除のときに〜」などと具体的なエピソードを添えると思います。

でも実は、保護者が知りたいのは、「何をがんばっているか」というお話ではありません。「動かぬ証拠を見て安心したい」のではないでしょうか。

もし電話連絡であれば、担任の主観で話をするのではなく、客観的な事実でお話しするようにし、たとえ保護者が子どもに確認したとしても整合性のある事実を伝えるようにします。直接話せたり、面談でお会いしたりするときには、作文ノートや写真などを示しながら、「証拠」をもとに話すこともあります。それは、担任の説明責任でもあるでしょう。

そして、一番の事実は授業参観かも知れません。

子どもたちと担任の、一発勝負の時間だからです。

授業参観で保護者の方々は事実を目にします。担任の声、子どもの姿、教室の空気感をすべて感じ取ります。

その授業参観で、1年間かけて何がしたいのか、そのために何をしているのかを示したら、保護者の方も安心できるのではないでしょうか。

次のようなお手紙をいただいたことがあります。一部紹介します。

> **まさか授業参観で泣くとは思いませんでした。子どもたちも、それまでは賑やかだったのに、水を打ったような…という表現そのままでしたね。まさかこんなに楽しい授業をなさるとは。私も小学生だったら絶対に受けてみたいと思いました。**

保護者の方々は、担任の授業や子どもとの関わりを実際に見て、その価値を判断してくださっているのです。事実を共有することで、保護者との掛け違いは限りなく少なくすることができるでしょう。

目的を共通了解とする

「古舘先生に、すべてお任せします。大丈夫です。よろしくお願いします」

そんなやりとりをした保護者の方がいました。

その子の自立を促していこうという目的を立てました。そのための小さな目標もたくさんつくりました。

朝学校に来ることから始まり、授業に臨む態度やノートの書き方、休み時間の過ごし方や給食指導まで、いろいろと策を講じることにしました。

もしかしたら、荒療治のようなことがあったかもしれませんし、「任せてもらっている」という安心感から多少強引な方法を用いたかもしれません。

でも、保護者の方も、すべて納得してくださっていました。

なぜなら、成長した子どもの姿をお互いに描いていたからです。

大変な1年でしたが、私自身もやりたいことをやれるだけ試すことができ、とてもチャレンジングに実践を積み重ねることができました。トライアンドエラーのオンパレードができた経験は今になっても宝物です。

しかし、学校と保護者、担任と親では、「手段」のレベルで食い違いが起こることがあります。私もたくさん経験してきました。

たとえば、運動会のテーマソングの「決め方」に納得がいかず、「曲を選択し直してもらいたい」と電話をいただいたことがあります。

宿題の「自由度」を高めると、「プリントやドリルをもっと課してほしい」と連絡帳に書かれたこともありました。

友だち同士の「トラブル解決法」でも、「相手の親にはこの話をしているのですか？　昨晩電話がなかったのですが」と謝罪を要求されることもありました。

こうした保護者からの電話や要求を受けると、その瞬間はモヤモヤします。場合によってはイラッとしてしまうこともなくはありません。

でも、「決して掛け違うなよ」と心の中で自分に言い聞かせます。

今、何が最上位の目的か。今、保護者と何を共通了解にすればよいかを考えます。

こちらの言い分としては、「サービスではない」とか「消費者マインドはやめよう」とか「主体性を取り戻しましょう」と言い返すこともできます。

でも、そうやって言い返したりお返事したりしても、お互いの納得解にはたどりつきません。やはり、何を目的としているのかを丁寧に説明する必要があります。

ご意見いただけたことに感謝しながら、でも理由を細かく説明すると、多くの方は納得していただけます。「古舘の気分次第」でその手段をとっているわけではないと伝わるからです。

体育の指導があって、その上で子どもたちのパフォーマンスを最大限に発揮させたくて、だからこの曲のテンポが重要で、さらに歌詞やメロディが運動会にマッチしていて…と伝えます。

プリントやドリルはなるべく授業の中で終えるようにしていること。授業の中で確かに終えているので、家庭では自分の関心や実態に応じて進めてほしいこと。与えられた受動的かつ作業的な宿題は、お子さんにとってはもしかしたら量も少なく、簡単で力がつきにくいかもしれないこと。そんな実態も伝えます。

子ども同士のトラブルも、今はカッとなる気持ちがわかることを伝えつつ、でも大人が介入することで気まずくなるのは当人同士であること。子どもたちの今後の生活を考えたときに、どこで合意すべきかを冷静に考えていただきたいこと。再発や尾を引くような場合は改めて相談させていただきたいこと。そして、お互いに少し見守っていただきたいことも、強く冷静に伝えます。

担任が変われば方法や手段が変わります。担任と親との方法や手段も違います。お互いに価値観があって、子どもに対する思いがあります。当然です。

でも、多少ゆるくても、多少熱心でも、「見ている先」はそう違わないはずです。優しい子になってほしいから優しく接する母親がいる反面、優しい子になってほしいから厳しく接する父親もいるはずです。どちらも、手段は違いますが、思いは一緒です。

その最上位の目標で互いに手を取り合い、そこを共通了解事項にしておくことが、保護者との掛け違いをなくすポイントではないでしょうか。

第5ボタン

自分自身との「掛け違い」

古舘良純というボタン

教育技術と人間性

恩師である菊池省三先生は、「教育技術が人間性を越えることはない」と言います。

これは、教育技術をどれだけ身につけても、扱う人によってその効果に違いが出るということだと考えています。

だから、先輩の技術を盗んで実践してもうまくいかなかったり、本で読んだ実践が不発に終わったりすることがあるのです。

私も、ほめ言葉のシャワーや成長ノート、価値語指導を毎年導入していますが、その年によって様子は違ってきます。

しっくりこないときは決まって、私自身の何かが掛け違っていたり、目的意識がずれていたりします。教育観が磨かれていない状態です。

だから私は、よく私自身の生い立ちや、これまで経験してきたことを思い出すようにしています。どんなことを見て、何を考えてきたのか。その経験に何を感じ、どんな人間性を形成されてきたのかを自分で理解しておきたいのです。**自己理解の先に、人間性を磨く感覚や教育技術をより効果的に発揮できる瞬間が訪れる**と思っています。

教育技術と人間性がカチッとハマるとき、きっとよりよい実践が教室に広がっていくのでしょう。

そこで、私の生い立ち（人間性）が自身の教育観をどう形づくってきたのかを、どう関わっているのかを考えてみました。すると、次のようなキーワードが浮かんできました。

- **サッカー**
- **釣り**
- **将棋**
- **ギター**
- **マニュアル車**
- **アルバイト**
- **不合格通知**
- **チームメイト**
- **残業三昧**

どれも、今の私を形成している経験ばかりでした。

きっと、他にも多くの経験が自分を形成しているとは思います。

しかし、たったこれだけでも「なぜ自分がそう考えてしまうのか」「どうしてこんな見方ができるのか」という理由に迫れた気がします。

サッカーで人を育てる

私は、小学校、高校、大学とサッカーをやってきました。

今もまだ、現役でボールを追いかけています。

この経験は、今の私の教育観に大きく影響を及ぼしています。

たとえば小学校の頃は、いわゆる「スタメン」ではありませんでした。

がんばっても主力メンバーの選手になれないことがある。そんなことを学びました。

また、すぐ「足が痛い」と言ってベンチに戻る子でした。いわゆる「かまちょ」だったのです。だから、そんな空気感の子はすぐに見抜ける自信があります。

高校と大学は、自治的な活動がメインで、トレーニングメニューやミーティングを選手のみで行なっていました。

大人の管理下ではない状況で、折り合いをつけながら対話していくチームでした。ロジカルな思考はこの部活動の経験からきていると思います。

また、サッカーは攻守混同型のゲームで、野球のように一球一球試合が止まりません。1秒の判断ミスや、1歩遅い反応、一瞬目を離したら、簡単に負けます。**相手は待ってくれないし、自分の思うように動いてくれない前提です。即興性がものを言う。まるで、授業のようだなと感じています。**

今は亡き、名将小嶺忠敏監督は、『国見発サッカーで「人」を育てる』という著書を出されています。授業もまた、知識の伝達に留まらない、人を育てる場なのでしょう。たとえば、スポーツを経験していれば、「一球入魂」であるとか、「パスにメッセージを込める」という表現をすることがあります。道具を磨くとか、グラウンドに一礼するという経験もあるはずです。

こうした生い立ちは、今の自分に必ず生きています。教育観の一部になっています。何が今のあなたをつくっているのか。ぜひ考えてみてほしいと思います。

釣りと根掛かり

小さい頃から、父親の釣りについて歩いていました。

針に餌を仕掛ける。水面に釣り糸を垂らす。待つ。

見えない魚を想像し、ちょんちょんと竿を動かしてはリールを巻き、待つ。

「食った！」と思って竿を合わせても、海藻や岩場に引っかかる「根掛かり」なんてことはザラで、場合によっては餌や針ごと切れることもありました。また、一匹も釣れない「ぼうず」もたくさん経験しました。

私は、絡まった糸に苦戦したり、釣果の出ない状態に苛立ったりしていましたが、父親は「釣りをしている時間」にこそ豊かさを感じていました。

こうした経験は、やはり今の学級経営にも随分と生きています。

実践してもヒットしないことがある。何回釣り糸を垂らしても「食わない」ことがある。ヒットしたと思っても違うところにかかっている。

教室にも「ぼうず」がある。でもその試行錯誤の時間こそ豊かである。そんなことを、釣りの経験が教えてくれているのだと思います。

だから、釣れたときにはこの上ない喜びがありましたし、自然に感謝やありがたみが湧き上がってくる思いでした。

しかし、教育の多くは「入れ食い状態」を望んでいるように思います。百発百中で釣り上げる気満々で実践します。**そして、なぜ釣れないのだろう？　どうすれば釣れるのだろう？　と必死になり、焦り、「ぼうず」に耐えられません。**

子どもたちがいて、担任ができて、毎日みんなが教室に集まるだけで豊かである状況にもっと有り難さを感じることができたら、何よりの幸せです。

将棋と黙考

早くに亡くなった叔父がいました。祖父の家に行くと、「ホンモノ」の将棋セットがありました。

叔父は、「将棋崩し」「まわり将棋」「はさみ将棋」など、さまざまな将棋を教えてくれました。もちろん父親とも勝負しましたが、祖父の家にあったホンモノで遊ぶ将棋が楽しくて仕方がありませんでした。

プロともなると、想像もつかない未来を頭の中で描くのでしょう。しかし、私のような素人では、2～3手先を読めたらよい方です。

この数手先を読むという思考の癖は、授業でも随分力を発揮していると思います。「こう言ったらこんな反応があるのではないか」「この発問でこんな思考が生まれるのではないか」と考えることがあるからです。

また、生徒指導においても、「こうリアクションすれば子どもたちが心を開くのではないか」「彼は次にこんな言葉を発するだろう…」と、ほんの少しだけ未来が見えます。

さらに、何か子どもたちに仕掛けようとするとき、いくつかの手札を持っておくようにもなりました。

将棋で言えば、「手持ちの駒がある」という感覚です。いつでも相手の懐に入る、攻め入る一手を打つことができます。

無鉄砲に実践を繰り出したり、場当たりの生徒指導をするのではなく、いい意味で戦略的に、楔を打ちながら実践を講じていこうとする姿勢は、叔父との将棋の経験が大きく関わっているのではないかと感じています。

孤立とギター

中学1年生の秋あたりからでしょうか。学級の友だちが口を聞いてくれなくなりました。当時はそれが「集団無視」であるとか、「いじめ」であるとか認知していませんでした。「何で話してくれないんだろう」くらいに思っていました。

教室で孤立していった私は、1つ上の先輩の家に入り浸るようになりました。長男だった私にとって、「お兄ちゃん」ができたような感覚でした。良いことも悪いことも、全部その先輩に教わりました。

一番影響を受けたのが音楽でした。

エリッククラプトン、Mr. BIG、ビートルズ、ニルヴァーナ、レッドツェッペリン、ローリングストーンズ、ボンジョビ…など、洋楽はその先輩の部屋で覚えました。

学級では孤立していましたが、とても充実していました。

その正月、私は2万円でアコースティックギターを買いました。

孤立していた時間は、私がギターを習得するには十分な時間でした。

しかし、ギターは簡単に弾けるようにはなりません。とにかく指が痛い。豆ができる。水ぶくれが破ける。握力がなくなる。下手くそな弾き方は弦も切りました。

何度も何度も繰り返すにつれ、指の皮が厚くなっていくのを感じました。まるで、逆上がりを練習したときの手の平の豆のようでした。

最難関のFも、アルペジオも、とにかく先輩の真似をして覚えました。

何時間も弾くものですから、きっと家族はうるさかったことでしょう。

でも、孤独を紛らわそうと部屋にこもって弾く私の姿を見て、「やめなさい」とは言えなかったのかもしれません。

ある意味、教室は孤独です。実践も孤独です。誰も助けてくれません。自分でがんばるしかありません。弾けなくても弾かなければならないのが教室です。

初任者であろうと、大学を出て3日目には授業をしています。

でも、確かに指の皮が厚くなるように、きっと授業力も向上します。

そう信じて、孤独に耐えるしかないのです。

マニュアル車とエンスト

20歳のとき、初めて車を購入しました。ホンダシビック。4万kmで20万円でした。決め手は「マニュアル車」だったことです。

私は今でも、チャンスがあればマニュアル車に乗りたいと思います。自分で走らせている感覚が好きだからです。車体の内部が手に取るようにわかる気がして、ギアを噛ませたときに伝わる動力の感じがなんとも言えない至福のときでした。

何より、マニュアル車には怖さがあります。「エンスト」です。

このエンストを経験している人にはわかると思うのですが、実際の道路でエンストすると、汗が噴き出るほど焦ります。

信号待ちで、一時停止で、踏切で。とにかく、車がプスンと止まる。あのエンストの瞬間が怖くてたまりませんでした。でも、そのとき私は運転の主体者でした。

その怖さがなくなる頃にはもうエンストしない技術を身につけています。

この、ギアが噛み合う感覚と、動力が伝わらずにエンストする構図は、まるで失敗した授業や、話の噛み合わない生徒指導、職員会議に似ています。

スピードが出て、タイミングよくセカンドに入れると、走行が安定していきます。

逆に、スピードが出ていないのにギアをあげるとノッキングののちエンストです。状況を判断したり、空気を読んだり、その上で、自分でタイミングを見計らって、相手との論点や授業のヒットポイントを探る。

そしてタイミングよくギアを噛ませていく。ここに、「ＭＴ（マニュアルトランスミッション）授業」が成立すると考えています。

最近はマニュアル車も少なく、免許自体もＡＴ車限定免許もあります。「オートマ」は、エンストせず、安心して運転できます。

でも私は、エンストを経験してほしいとも思います。授業では「エンスト」することがあるからです。運転手は自分自身であることを自覚してほしいのです。

私は初任者時代から授業に対して臆することなく臨めていました。もしかしたら、エンストしても自分でエンジンを掛け直すマインドがあったからではないかと考えています。

コンビニの深夜バイト

大学時代は、日中の授業と週7の部活動のため、コンビニエンスストアの深夜バイトしか選択肢がありませんでした。

先輩に紹介していただき、研修生として何時間か現場に立った後、正式に採用してもらいました。

その研修で教わった言葉が今でも忘れられません。

接客をしている際、斜め後ろには店長が控えていました。挨拶、受け答え、商品のチェック、袋詰め、お金のやり取りなど、一連の様子を見られていました。

物覚えが早い方だった私は、特に緊張することもなく淡々とレジでのやり取りをこなしていました。

しかし、店長はお客さんを見送るたびに「速かったな〜」とか「今のは遅い」とか呟いていました。

どういうことか尋ねてみると、お客さんが準備できていないのに袋を差し出しているというのです。私が袋を差し出してしばらく待っているということは、お客さんを焦らせているというのです。

お客さんがレシートを受け取ったり、小銭を財布にしまったりする様子を見ながら、受け取れる状態になったタイミングで袋を差し出すようにしなさいと教わりました。**決して素早く作業することだけが接客ではないと学びました。**

実は、このエピソードは岩手県の採用試験を受け直した二次試験でも面接官にお話ししました。

このアルバイト経験が、現場でどう役立つかという質問でした。

私は、子どもたちにも同じようにペースを合わせる必要があると回答しました。子どもたちの思考のペースに合わせて板書もつくっていく。

子どもたちが作業中なのに教師だけどんどん進まないこと。

今話しても響かない場合は、タイミングを見計らってほめたり叱ったりしていくことなど、**教師主導、大人中心の考え方で進めてはならないと答えた**のです。

自分の仕事ばかりを優先して進めるという姿勢は、「教えること」に終始している機械的な授業を展開しているということです。

でも子どもたちを育てようと思うならば、きっと子どもたちの様子を見て、一番

よいタイミングを探るはずです。

たかがコンビニエンスストアのアルバイト経験ですが、私の中では大切な教育観の原点になっています。

不合格通知と故郷

どこか自信のない自分がいます。

教師としては随分遠回りして今に至っているからです。

大学4年時に受けた採用試験で不合格。講師の2年間も不合格。何とかして担任がしたいと受けた千葉県で採用になるも、当時の倍率は2・1倍。2人に1人が受かる状態でした。

現職採用制度を導入した岩手県での採用試験でも、初年度不合格、2回目も不合格でした。3度目の正直でやっと合格し、地元岩手県に戻ることができました。

トータル7回の受験をし、千葉県と岩手県で2回採用になりました。

私は不合格に耐えられませんでした。耐えられないから、岩手を離れて倍率の低い千葉県で教師になりました。

がんばっても採用されない。年度途中で不合格通知をもらう痛みは、もう経験したくないと思います。

しかし、大人になってなお、夜な夜な勉強し、試験対策をし、面接のイメージトレーニングをした日々は、「宿題とは何か」や「どうやったら効率よく学べるか」など、学習することの根本的な見直しになりました。

単純に言えば、「どうすれば勉強量が減らせるか」だけを考えていました。

大人は努力が大好きです。

たくさん勉強することに美学を感じる先生もいます。私もその一人でした。

「結果より過程が大事だ」と言います。

でも実際、私は結果がほしくて勉強し、今があります。

本来、学べば学ぶほど勉強量は減るはずです。減るというより、同じ1時間でもその質が変わります。同じ1時間でも深く深く潜る人もいます。広く広く思考を広げる人もいます。

子どもたちにも同じことが言えると思います。ガンガン宿題を出し、プリントを山のように配って満足しているのは大人です。

どうやってシンプルに、単純に簡単に学力が上がるかを考えた方が幸せです。

「苦労は買ってでもしろ」と教えられたことがありますが、「どの苦労を買うか考える」のは子どもたちではないでしょうか。その選択肢を大人はどれだけ示せるでしょうか。その数によって、子どもの学びが変わるかもしれません。

社会人のチームメイト

社会人になってもサッカーは続けました。そこでも、多くの気づきがありました。まず、先生方との付き合いではほとんどない、「喫煙ルーム」でのミーティングです。「一服しながら作戦を練る時間」がたくさんありました。

6年生の保健学習で「喫煙の害」について学びますが、身近に喫煙者がいることは大変リアルな教材になりました（推奨はしない）。

その他、消防に勤めている方、漁船に乗っている方、自衛隊、トラックの運転手、企業勤め、美容師、ラーメン屋の店長など、さまざまな職種の方と交流する機会にもなっていました。

学校に勤めると、なかなか学校外の方と関わる機会がありません。たくさんの価値観に出会うことができたのも、こうした社会人チームのおかげだと感じています。

学級で子どもたちに何か話すときも、「先生には◯◯の知人がいてね」と話すことができ、子どもたちにとってリアルで身近な語りを展開できます。

残業と充実

初任校では、同世代の先生方がたくさんいました。とても仲がよく、楽しい若手時代を過ごさせていただきました。特に放課後の雑談は何にも変え難い大切な思い出です。

当時、私たち若手職員は、残業を楽しんでいました。定時を過ぎる頃、徐々に帰り始める中堅世代の先輩方を見送りました。

管理職は真っ先に職員室を後にしていましたし、学年主任も暗くなる前には退勤していました。

私たちは、「若手だけが残る職員室」を待ち望んでいたのです。

18時以降の職員室では、「教材研究をどうしているのか」「どんな実践をしているのか」という授業や学級経営の話から、プライベートのことまでたくさん話しました。

時に、ちょっとした不満や違和感など、健全に悪口も言っていました。

今では、決して大きな声で言えないことですが、振り返ってみると、こうした「ガス抜きの時間」は極めて重要だったと思っています。

確かに、事実だけ切り取ると21時に退勤して6時に出勤するようなブラックな働き方に見えます。

しかし、内実はそうではありませんでした。

若手なりに若手のコミュニティーをつくり、風通しのよい関係性や同僚性を築き、互いに切磋琢磨しながら過ごしていました。

勤務時間自体はかなり超過していましたが、今のような「苦しい残業」のイメージではありませんでした。

私は、その残業時間に意味を見出し、価値を感じていました。

もちろん、今の若手に推奨できる働き方ではありませんが、逆に、息抜きはしているのだろうか、どこで若手同士のコミュニケーションをとっているのだろうか、周りが見えなくて不安ではないだろうか…と心配になることはあります。

学校現場では、安易に退勤時間を早めたり、勤務時間を減らすだけの工夫を導入する場合があります。「帰れるなら早く帰りましょう」と言われるようにもなりました。しかし先生方は帰れるなら帰るし、帰れないから帰らないのです。

もしかしたら、若かった頃の私のように、「帰りたくない」と思っている先生がいるのかもしれません。

納得いくまで仕事をしてから帰りたいならそうすればいい。持ち帰りたいなら持ち帰ったらいい。

大切なのは、どんな働き方が自分にとって心地よく、納得できるかどうかではないでしょうか。そんなとき、きっと充実していると思えるのかもしれません。

私は今、ほとんど残業することはありません。でも、残業が嫌いでもありません。放課後のリラックスした職員室や、先生方との雑談は楽しいと感じます。

私は、学校が大好きです。

教室に生き様が出る

数ページにわたって私の生い立ちと教育観の関わりについて書いてきました。

きっと、先生方にも自分自身にしかない経験があると思います。

そして、その経験が確かな教育観となって教室に表れていると思います。

近年、私は授業の中で「即興性」を大切にするようになりました。これは、菊池省三先生の教えでもあります。

若い頃「指導案が合わなかった」というのは、もしかしたらサッカーで培った即興性の価値観が私の中にあり、ずれていたのではないかと考えています。

これは、指導案が合わないのではなく、自分の「即興性」を大切にしたいという気持ちと「予定調和」が噛み合っていなかったのだと思います。

そう考えれば、きっと指導案は指導案として書き、その上で流動的に授業を展開していくという、折衷案や着地点が見える気がします。

また、高学年を連続して担任する頃、キーとなる子とうまく関係をつくることができないと感じることがありました。

しかし、ただ「難しい」と思うだけではなく、将棋のように数手先を読んだり、相手の守備がどう固められているのかを分析したりすることで、「手駒」を増やしたり「打ち手」が見えてくるような気がします。

そこに根気よく向き合えるのは、叔父との黙考の時間を過ごしたおかげなのかもしれません。

40歳を迎えてなお、こうして学び続けたり、考え続けられたりするのは、人はいつだって努力次第で上達することを学んできたからです。

中学1年生で覚えたギターは、今なお奏でることがあります。ギターを手にするとき、いつだって私は13歳の私に戻れます。初心に帰るとか、孤立していたとか、うまくいかない頃の自分を知っているからこそ、教室でどれだけ苦しくても、いつか素敵な音色を響かせることができると信じているのです。

また、「サービスをしない」という心構えについては、コンビニでのバイトがかなり生きているのだと思います。

コンビニ自体は「サービス提供者」です。「お客さん」がいて、需要と供給を合致させる場です。

しかし、店長の教えでは、「相手を思いやることこそ接客である」という、サービス以上の関わりについてマインドセットしていただきました。「お金をもらって商品を渡す」という機械的なやりとり以上の価値を生み出す姿勢を学んだのです。

初任者時代から「少人数指導」「習熟度別グループ」に対して違和感を覚えたのも、飲み会でその価値について物申す形になったのも、きっと「授業の目的は何か」を初任者なりに考えていたのだと思います。

最後に音楽です。中1でギターを覚えた私は、高校生でバンドを組みました。毎月行われる地元のライブにも出ていました。最大300人収容の会場で歌ったこともあります。

チケットは手売り。交通費も自分たちで捻出していました。駅前の広場に座って歌い、「投げ銭」で電車賃を稼ぎ、仲間と集まっていました。

よい演奏には拍手が起こる。自分のテンション次第で会場が盛り上がる。自分が乗っていないとお客さんも会場も盛り上がらないし、音楽を聞いてもくれません。そして聞かないお客さんに対して文句を言うわけにもいきません。すべて自分たちの責任なのです。

だから、保護者の要求だって、生徒指導の食い違いだって、同僚性だって、いつも私は「自分次第」と思うようにしています。

学校現場でボタンの掛け違いが起こるとき、ボタン側も、洋服側の穴も、どちらも手探り状態です。

まず一方を確実に固定する意味でも、**私は何者か、自分自身がどこにいるのか、したいこと、目的、やりがいは何かを確かめたいのです。**どこに着心地の悪さを感じているのかを、自分の内側に問いかけてみるのです。

自分自身の心を整えたら、自分らしさ、生き様のようなものが教室に溢れていくはずです。

ぜひ、あなたの生き様も見せてください。

あとがき

大学を出てすぐ、講師として小規模校に勤めました。「ボタン付きパジャマ」を着ることになりました。学校という穴に、自分の教育観というボタンを通すことになりました。

私は幸い、その色を掛け違うことなく、むしろ着心地よくパジャマを着ることができました。とても幸せ者だと思います。

しかし、千葉県で採用が決まり、初任者として「新しいパジャマ」を着るときには、少しだけ掛け違いがありました。

講師時代の着心地のよさを知っていた私は、「何かが違う」とボタンを掛け直そうとしました。外しては付け、付けては外すことの繰り返しでした。

試行錯誤し、様々な経験を重ねることによって、そのボタンを大きく掛け違うことはなくなってきました。

もちろん、今でも掛け違ってしまうことはありますが、その原因を探りながら掛け直すことができるようにもなりました。

そんな私自身を形成してくださった先生方、保護者の方々、そして子どもたちに感謝しかありません。本当にありがとうございます。


今、学校現場は多くのボタンを掛け違えているように感じます。

しかし、ボタンの数が多すぎて直そうにも直せない。

気づいても、見て見ぬふりをしてしまうこともある。

むしろ、外してしまったら大変なことになるのではないか。

そんな複雑な状態に陥っているように感じます。

すでにある流れに身を任せた方が楽で、郷に従うことが賢い。

大人自体が思考停止状態になるのは必須で、それ自体にも気づかない。

そう働いてしまうのも仕方がないと思えます。

でも、ふと考えます。

「それでも明日になれば、子どもたちは教室に来る」

「たとえ掛け違っていても、子どもたちの前に立たなければならない」

そして、私と末っ子が鏡越しに「色が違うね」と笑ったように、掛け違えに目を向け、笑い飛ばすことも必要かもしれない。


きっと、教育に正解はなく、絶対もありません。

もしかしたら、ボタンの色がすべて噛み合うこと自体ないかもしれません。

だったら、「このボタンは本当にこの穴でよかったのか」「実は隣のボタンと噛み合うはずではなかっただろうか」と考え続けることこそ、今私たちに求められていることではないでしょうか。「ボタンは噛み合うはずだ」と信じているその感覚自体、もしかしたら掛け違っているかもしれないのです。

でも私は信じたい。授業が噛み合う教室が増えることを。保護者と手を取り合える毎日を。そして、笑い合う職員室を。

そんな未来を願って本書の執筆に向き合いました。

執筆の中で「掛け違った過去」をたくさん思い出しました。

理不尽な言葉が頭の中を巡りました。

ぶつかってしまった保護者の顔が浮かびました。

関係が悪いまま送り出してしまった子に思いを馳せました。

なぜあの先生とうまくやることができなかったのかと後悔もしました。

もしやり直せるなら、もう一度ボタンの色を合わせられるなら、今ならうまく掛け合わせられるかもしれないと思いました。たとえ掛け合わせられなくても、そのチャンスがほしいと思いました。

また、そうした過去に感謝の気持ちが湧き上がってくるのを感じました。

これからも、明日を見つめて進みたいと思えました。

明日、子どもたちと向き合うあなたにとって、本書が心のボタンを掛け直すきっかけとなることを願い、あとがきとさせていただきます。

「大丈夫、きっとうまくいく」

古舘良純

ボタンの掛け違い

2024（令和6）年2月15日　初版第1刷発行
2024（令和6）年4月 1 日　初版第2刷発行

著　　　者：古舘良純
発　行　者：錦織圭之介
発　行　所：株式会社　東洋館出版社
〒101-0054　東京都千代田区神田錦町 2-9-1
コンフォール安田ビル2階
代表　　TEL：03-6778-4343　FAX：03-5281-8091
営業部　TEL：03-6778-7278　FAX：03-5281-8092
振替　00180-7-96823
URL　https://www.toyokan.co.jp

デ ザ イ ン：木下悠
組　　　版：株式会社ダイヤモンド・グラフィック社
印刷・製本：株式会社ダイヤモンド・グラフィック社

ISBN 978-4-491-05423-0

Printed in Japan